A Key to
Revision e
for student

Desmond O'Connor

CIS Educational

CIS Educational
ACN 006 325 908
245 Cardigan Street
Carlton Victoria Australia 3053
Telephone (03) 347 9144
Facsimile (03) 347 0175

© Desmond O'Connor 1983

First published by Longman Cheshire 1983
This edition published by CIS Educational 1992

Designed by Joanne Waite

Cover:
Studio of Canaletto
Grand Canal and Rialto Bridge from the East (detail)
Oil on canvas 61 x 92.2cm
Felton Bequest 1918
Reproduced by permission of the National Gallery
of Victoria, Melbourne

Printed in Australia by Globe Press

National Library of Australia Cataloguing-in-Publication entry

O'Connor, Desmond, 1940–
    A key to Revision exercises for students of Italian.

    ISBN 1 875633 03 0.

    1. Italian language – Composition and exercises. I. O'Connor,
Desmond, 1940– . Revision exercises for students of Italian. II.Title.
III. Title: Revision exercises for students of Italian.

458.2421

Contents

Preface

This *Key* supplies the answers to *Revision exercises for students of Italian*, which is published separately by CIS Educational.

Since many exercises involve translation from English into Italian or vice versa, it is clearly impossible to include all the variants that may be appropriate in a particular exercise. Ultimate guidance as to whether a student's version is acceptable or not must, of necessity, rest with the instructor. Nonetheless, in many cases one or more variants are given in parenthesis.

Answers are usually limited to the specific point being tested. Fuller answers are supplied only when the exercise contains other points which may present some difficulty.

In exercises requiring the translation into Italian of single, isolated English sentences, the subject pronouns *tu, Lei* or *voi,* the verb tenses *passato remoto* or *passato prossimo,* and either masculine or feminine gender (e.g. *tutti/tutte sono arrivati/arrivate, tu sei bravo/brava*) may be used, except where the context and/or the instruction demand otherwise. In the answers, however, such variants are normally not listed.

The page number given at the beginning of each group of answers refers to the corresponding page in *Revision exercises.*

Desmond O'Connor

1 Division of syllables

p. 1

1 sog-get-to; sup-pli-ca-re; sci-vo-la-re; par-ti-co-la-re;
bom-bar-da-men-to; sof-fe-ren-za; au-to-no-mo;
clas-si-co; con-trab-bas-so; scher-zo; in-cor-ni-cia-re;
e-le-gan-za; croc-can-te; e-leg-gi-bi-le;
im-pren-di-to-re; im-per-cet-ti-bi-le; lo-can-da;
lom-bri-co; im-per-scru-ta-bi-le; maz-zet-ta; per-la;
quan-ti-tà; ca-pric-cio; piaz-za; vi-gliac-co;
pri-gio-nie-ro; ruo-ta; bian-che-ri-a; as-so-mi-glia-re.

2 e-si-sten-za; di-stri-bu-i-re; ca-rat-te-ri-sti-co;
ca-sca-re; di-sgra-zia-to; ri-ve-sti-re; so-spet-to;
mi-ste-rio-so; ar-ti-sta; a-sciu-ga-re; con-qui-sta-re;
con-si-ste-re; tra-scor-re-re; o-stro-go-to; gu-sto-so;
gas-si-sta; a-stro-na-ve; pe-ri-sco-pio; no-stal-gi-a;
fru-sci-o; e-tru-sco; ce-le-ste; in-sul-so; o-scu-ra-re;
so-cia-li-sta; de-mo-cri-stia-no; di-sli-vel-lo.

3 af-fet-tuo-so; muc-chio; gui-da-re; mi-liar-do;
ghiac-cio; schiac-cia-re; un-ghia; so-prav-vi-ve-re;
e-si-lio; cuo-ce-re; fi-glio-la; cen-ti-na-io; glo-ria;
car-rie-ra; spec-chio; pro-prie-ta-rio; co-or-di-na-re;
ga-gliar-di-a; bu-gi-a; star-naz-zi-o; paz-zi-a; bru-si-o;
biz-zar-ri-a; so-la-ti-o; fio-ci-na; suo-lo; sie-ro;
ac-qua-io-lo; pia-nu-ra.

4 po-e-si-a; no-io-so; mu-se-o; du-e-mi-la; lau-re-a-re;
a-e-ro-pla-no; cre-a-tu-ra; eu-ro-pe-o; re-a-le; pa-e-se;

li-ne-et-ta; a-iuo-la; mas-sa-ia; tet-to-ia; sa-la-mo-ia;
an-no-iar-si; ba-u-le; as-se-dio; co-e-sio-ne;
ma-e-stra-le; be-o-ne; poi; guai; miei; mi-o; tuoi;
tu-o; al-lc-lu-ia; mu-gna-io; sa-io; ab-ba-i-no;
at-mo(a-tmo)-sfe-ra; a-rit-me(ri-tme)-ti-ca;
a-tlan-te; rin-gra-ziai; seg-men-to; ab-ne-ga-zio-ne.

2 Spelling and pronunciation

Orthographic differences between Italian and English

p. 4

1 comandare; cominciare; comitato; comune;
comunicare; comunione; comunista; comunità;
cotone; imbarazzare; esagerare; filetto; maniera;
milione; raccomandare; sonetto.

2 abbandonare; abbondante; accademia; allarme;
alluminio; appartamento; cattolico; cioccolata;
colonnello; commedia; coraggio; dosaggio; dramma;
dubbioso; eleggibile; femminile; grammofono;
grottesco; immagine; improvvisare; leggibile;
ubbidire; obbligare; pellicano; pubblico; soddisfare;
voltaggio.

3 adeguato; affermare; aeroporto; acquario;
acquedotto; artiglieria; cristiano; sigaro;
continuamente; difficoltà; grotta; indipendente;
istituto; manipolare; malinconia; napoletano;
parlamento; partecipare; segretario; solista; tecnico;
telefono; tabacco; trasferire; ombrello; vulcano.

Italian single and double consonants and open and closed vowels

p. 5

1   La bambina è stata aggredita da un *bruto*.—Piero non è mica bello, è *brutto*.

Il fumo usciva dal *camino*.—Dopo lungo *cammino* arrivammo a destinazione.

Ho trovato un *capello* nella minestra.—Quando entri in casa levati il *cappello*.

Tutto è *caro* oggigiorno.—Due buoi tiravano il *carro*.

Ora andiamo a *casa*.—Ci hanno spedito una *cassa* di libri.

Non è l'originale, è una *copia*.—Hai visto Renzo e Lucia? Che bella *coppia*!

Il *fato* volle che ci incontrassimo proprio quel giorno.—Il *fatto* è che ormai non torneranno più.

Lo vediamo due volte al *mese*.—Ora avremo tanto grano perché la *messe* è stata abbondante quest'anno.

Prendi la *pala* e comincia a spalare la neve.—Il tennista non è riuscito a colpire la *palla*.

Il *papa* è il capo della Chiesa cattolica.—Il bambino non vuole mangiare la *pappa*.

Non vale la *pena* andare a vedere un film di quel genere.—Questa *penna* non scrive.

Amundsen fu il primo a raggiungere il *Polo* Sud.—Preferisci del *pollo* o del pesce?

Il topo ha *roso* il legno.—Il *rosso* è il mio colore preferito.

La mamma si strinse il figlio al *seno*.—Del *senno* di poi son piene le fosse.

Vengono a trovarci quasi ogni *sera*.—La *serra* è piena di fiori esotici.

L'asino è una bestia da *soma*.—Hai calcolato male, devi rifare la *somma*.

Loro *sono* sempre stanchi.—Vado a dormire, ho *sonno*.

La nonna parlava in *tono* molto affettuoso.—Il *tonno* è un grosso pesce marino.

L'operaio indossava una *tuta* blu.—*Tutta* la casa era in disordine.

2 Quasi ogni giorno Pierino prende le *bòtte* dallo zio.—La *bótte* è piena zeppa di vino.

Il nostro professore non è sardo è *còrso*.—Il *córso* delle scuole medie inferiori è di tre anni.

Voglio che lui *èsca* di lì.—È inutile pescare se l'amo non ha *ésca*.

Sei mai stato al *Fòro* Romano?—Prima di appendere il quadro devi fare un *fóro* nel muro.

Le *fòsse* furono scavate dai prigionieri.—Tutti credevano che Maria *fósse* italiana.

Lui non *lègge* mai il giornale.—La *légge* è uguale per tutti.

La *pèsca* è il loro frutto preferito.—Vanno sempre a *pésca* sul lago.

I *pòrci* avevano il muso nella brodaglia.—Queste non sono domande da *pórci*.

Le sue sono tutte *pòse* forzate.—Carlo *póse* il libro sulla tavola.

La *ròsa* è un fiore bellissimo.—La scogliera viene *rósa* dal mare.

I *vènti* soffiano da est-nord-est.—*Vénti* studenti sono stati promossi.

Stress differences between English and Italian

p. 5

Albania; Algeria; Alice; Amazzone; antilope; appendice; asfissia; Bulgaria; Capri; il colera; cosmopolita; il cratere; la diagnosi; dissuadere; enciclopedia; epicureo; epifania; epilogo; euforia; fobia; il folclore; Iran; mania; Monaco;

Natalia; Niagara; nevralgia; nostalgia; oceano; Omero;
ovest; palato; persuadere; prototipo; Romania; Romeo;
sassofono; il satellite; sceicco; sinfonia; telefono;
telegrafo; Tunisia; utopia; zodiaco; zoo.

3 The article

The indefinite article

p. 7

1 un momento; un uomo; un'amica; un amico; una strada;
uno stato; uno zingaro; un osso; un senso; un'attrice;
un attore; uno zoppo; una sposa; uno sposo; una
scusa; uno zotico; una parte; un nome; un ordine; una
zucca; un aiuto; un'azione; un'interpretazione;
un'amministrazione; uno sciopero.

2 un animale; uno zio; una zia; una storia; uno straccio;
uno zoologo; un aeroplano; un'offerta; una statua;
uno sciocco; un albergo; uno studio; uno zero; una
mano; una radio; un clima; un(uno) pneumatico; uno
psicologo; uno gnocco; un handicappato; un hotel; un
jolly; un whisky; un choc; uno(un) xenofobo.

1 un' 2 una 3 un 4 un 5 uno 6 uno, un 7 un'
8 uno 9 uno, uno 10 un, uno, un, uno(un), un, una,
una, un', un', una

p. 8

un'arancia (un arancio); un albero; un articolo; un altro
sistema; un olandese; una stagione; uno scherzo; un'arte;
un'amica; una scena; uno zio; un aiuto; un ufficio; una
stanza; uno psichiatra; uno zigzag; uno schema; un
western.

Omission of the indefinite article in Italian

p. 8

1 è festa   **2** che peccato   **3** che brutta faccia   **4** mille pagine   **5** come (da) segretaria   **6** senza macchina
7 prese moglie

The definite article

p. 9

1 i giorni; le case; gli uomini; la fila; il padre; le ore; lo stupido; il fiore; lo zio; gli italiani; l'americana; l'inglese; gli ungheresi; la straniera; gli zoccoli; le eresie; gli uccelli; i dottori; le notti; il problema; la questione; gli ospedali; le mogli; il mese; i piedi.

2 lo stato; gli zampilli; le acque; la spalla; l'atto; i figlioli; la spia; i cani; gli handicappati; lo zenzero; le erbe; gli sbagli; le nazioni; gli Stati Uniti; l'arma; gli psicologi; il suocero; lo gnomo; l'hotel; le idee; lo (il) iato; lo zinco; il (l') week-end; lo stress; lo champagne.

1 gli   **2** il, la   **3** lo, gli   **4** le, le   **5** lo (il)   **6** i (gli)   **7** gli
8 lo   **9** lo, gli   **10** il, l'   **11** gli   **12** il (l')   **13** i, gli   **14** lo
(il)   **15** il, i, gli

p. 10

l'articolo; gli aggettivi; le illusioni; i fiori; la ragazza; la madre; il suocero; gli zii; i nomi; gli uomini; gli arabi; lo (il) jugoslavo; il pacco; la scuola; gli esami; l'università; le classi; lo studente; gli stessi libri; gli errori; le eresie; gli altri (le altre); lo specchio; gli sciocchi; le statue; l'uovo; gli usi; lo zelo; gli aeroplani; i ristoranti; lo psichiatra; la zucca; le erbe; le elezioni; gli elementi; lo yoga; lo shampoo.

3

English indefinite article translated as definite in Italian

p. 10

1 la macchina, la patente 2 l'ascensore 3 il telefono
4 la giacca 5 il cappello 6 la barba 7 il naso rotto
8 fai la doccia 9 la pipa 10 (al)l'ora 11 alla volta
12 alla settimana 13 la febbre

Use of the definite article in Italian but not in English

p. 11

1 l'italiano 2 l'America 3 il signor, il professor 4 il
dottor Perosi ha la bronchite 5 del conte 6 la zia 7 il
Piemonte, vicino alla 8 dalla Sicilia 9 l'Umbria nel
maggio del 1980 10 la storia italiana, sulla Firenze del
Quattrocento 11 gli italiani, dall'una alle quattro (dalle
13 alle 16) 12 i negozi, la domenica 13 quanto è alto il
monte Bianco?

1 il Cairo 2 il principe, della regina 3 nel 1943 il
maresciallo B. e (il) re V.E. 4 il cardinale, nel 1978 5 il
colonnello 6 l'Irlanda del Nord, del Regno Unito 7 il
venticinque percento della popolazione è 8 il Milan
9 la gente dice che la guerra 10 il presidente, nel Texas
nel 1963 11 il jazz, della Louisiana 12 solo i ragazzi dai
tredici ai quindici anni possono

Omission of the definite article in Italian

p. 12

1 in the kitchen, in the living room 2 Henry the Fourth
3 to the theatre 4 in the hills 5 in the mountains 6 at
the top 7 at the bottom 8 against the light 9 left me in
the lurch 10 the Italian consul 11 in the sea 12 to the
ground 13 in the garden 14 to the office, to the
factory 15 into the car

4 Articulated prepositions, 'some', 'any', and negations

Articulated prepositions

p. 16

al parco; all'università; alla fiera; ai giardini; agli altri negozi; allo zoo; allo stadio.

il latte, nel frigorifero; il vino, nella caraffa; la giacca, nell'armadio; la corda, nello zaino; la gente, nelle case; il grano, nei campi; Washington, negli Stati Uniti.

la penna, della bambina; la macchina, del medico; l'appartamento, degli zii; il cane, dei vicini di casa; il disegno, dell'architetto; lo striscione, delle femministe; il pullman, degli svedesi.

alla stazione; dal negozio; della classe; nella scena; degli uomini; sulla tavola (sul tavolo); dai musei; nei mesi; all'ospedale; sugli alberi; degli zii; nell'occhio; dall'amico (dall'amica); ai campi; nel (sul) giornale; sul letto; alle mogli; dello straniero; nell'altra stanza; allo sposo; del figlio; nello studio; sui cavalli.

p. 17

1 c'è polvere sui vestiti **2** nelle altre classi (aule) **3** allo · zoo, con i bambini **4** all'università, dagli studenti **5** alla Spezia (a La Spezia) **6** dei *Promessi* (de *I promessi*) **7** nella *Stampa* (ne *La Stampa*)

'Some' and 'any'

p. 17

1 del (un po' di) caffè 2 delle mele 3 non voglio vino
4 non hanno piatti (nessun piatto) 5 ha (dei) fratelli
6 al cinema con amici (con alcuni amici) (con degli
amici) 7 un po' di zucchero 8 nessun ragazzo
9 nessuno 10 nessun altro

1 certe (alcune) persone 2 con certe (alcune) riviste
3 certe (alcune) scarpe 4 niente 5 niente di
interessante 6 qualcosa (qualche cosa) 7 qualcos'altro
(qualche altra cosa) 8 qualcosa di speciale 9 qualcosa
da mangiare 10 non vengono più

Negatives

p. 18

1 no bread 2 Not at all! 3 anything 4 Don't mention
it! (You're welcome!) 5 It's no use doing 6 acts as
though nothing had happened 7 It's nothing to worry
about. 8 It doesn't matter if you can't manage it. 9 did
absolutely nothing 10 I can't avoid making a note of (I
can't disregard) 11 Is anybody there (at home)? 12 Not
on your life! 13 Of course they are!

1 non è uno scherzo 2 tu l'hai detto, non io 3 perché
no! 4 spero di no! 5 o no 6 non ho (nessuna) voglia
di 7 non ho tempo da sprecare 8 non hanno figli
9 non ho niente 10 non ho niente da darti

1 nessuno vuole dire niente 2 non ho visto nessuno
3 nessuno del genere abita 4 nessuno di loro sa 5 non
leggo mai, tu le leggi mai? 6 non voglio nemmeno
7 nemmeno Paolo 8 e nemmeno Angela 9 non ho
né . . . né 10 né . . . né . . . vogliono

5 Bello, quello, questo, buono, and santo

Bello and quello

p. 21

1 quello **2** begli **3** quel **4** bel **5** quello **6** bell'
7 quei **8** bei, begli **9** quegli **10** bell' **11** quell'
12 begli **13** quelle **14** quello

1   quello specchio. . . . bello.
     quegli altri vasi. Sono . . . belli.
     quel gatto. . . . bello.
     quegli zaini. Sono . . . belli.

2   quei begli zoccoli; quei begli sposini; quelle belle
     arance; quei begli alberi

3   questi orologi . . . quelli.
     queste erbe . . . quelle.
     questi stivali . . . quelli.
     questo premio . . . quello.

Questo and quello

p. 22

1 Questo non è vero! **2** Questo non è quello che voglio
dire (non voglio dire questo). **3** Questo è quello che ha
detto. **4** Questo è assurdo! **5** Questo è molto strano.
6 Questa sì che è bella!

1 Ecco tutto! (ecco fatto!) **2** sei tu? **3** e basta **4** Così si
fa.

Idiomatic uses of *bello*

p. 23

1 the funny thing is **2** are you doing anything? (what are you doing?) **3** at the crucial point **4** that's nice! (well I never!) (goodness me!) **5** gave me an awful fright **6** as well as I can **7** got into all sorts of mischief **8** right in the very middle of **9** this is the best part! . . . Marco is a downright liar **10** it's no use your telling him that he has to keep calm **11** they had a narrow escape **12** look very impressive **13** the fair copy . . . the rough copy

Buono

p. 23

1 buon, buon **2** buono **3** buono, buona **4** buon **5** buona (buon') **6** buoni

'Good' and 'nice'

p. 24

1 ci divertiamo sempre **2** troppo bello per **3** per sempre **4** (a) che serve lavorare **5** il latte ti fa bene **6** è inutile (non ha scopo) aspettare ancora **7** bravi in italiano **8** parecchi negozi **9** è gentile da parte tua aiutarmi **10** una bella risata

1 questa minestra è molto buona **2** un vino molto buono **3** questi quadri sono molto belli **4** persone molto simpatiche **5** hanno un buon profumo (odore)

Santo

p. 24

1 san Carlo; san Luca; santa Lucia; sant'Agostino; santa Veronica; sant'(santa) Ottavia; santo Spirito; san Marino; san Zeno; santa Zita; san Nicola;

sant'Elvira; san Tommaso; sant'Elena; santo Stefano; sant'Agata; santa Matilde; san Zaccaria; sant'Elia; santa Teresa; sant' (santa) Elisabetta; san Pietro.

2   san Francesco; santa (sant') Eleonora; santo Stanislao; santa Clotilde; san Zenobio; santa (sant')Irene; santa Caterina; san Gennaro; sant'Ambrogio; sant'(san) Iacopo; sant'Agnese; santo Spiridione; sant'Eufemia; san Zenone; sant'Ilario; san Cristoforo; sant'Antonio; san Sebastiano; sant'(santa) Apollonia; san Silvestro; sant'(santa) Erminia; san (santo) Stino di Livenza.

il Santo Padre; un sant'(santo) uomo; santo cielo!; tutto il santo giorno; la Terra Santa; il Santo Sepolcro; il santo patrono; lo Spirito Santo; giovedì santo; venerdì santo.

6 Nouns

Plural of nouns

p. 26

1 le case; le pagine; le maglie; le musiciste; le isole; **2** i palazzi; gli stati; gli attimi; gli inviti; i giorni; **3** le luci; le madri; le soluzioni; le soddisfazioni; le frasi; le pareti; **4** i giornali; i valori; i denti; gli animali; i lampioni; i campioni; **5** le amiche; le banche; le amache; le vacche; le tinche; **6** le paghe; le leghe; le targhe; le toghe; le spranghe; **7** gli affreschi; i ciechi; gli sprechi; gli archi; i fuochi; **8** gli amici; i porci; i monaci; i tecnici; i traffici; **9** i funghi; i profughi; i roghi; i righi; i cataloghi; **10** i teologi; gli psicologi; i filologi; gli astrologi; **11** le lance; le asce; le querce; le gocce; le camicie; **12** le spiagge; le schegge; le frange; le grattugie; le valigie; **13** le farmacie; le scie; le melodie; le osterie; le bugie; **14** i mormorìi; gli zii; i ronzìi; gli addìi; i gorgoglìi; **15** i premi; i baci; i calendari; i guai; i maschi.

p. 27, upper

1 i drammi; i telegrammi; i sistemi; i pianisti; i macchinisti; i papi; gli insetticidi; **2** i boia; i lunedì; i tram; le auto; i caffè; i re; le crisi; le tesi; le radio; le dinamo; le virtù; i referendum; **3** i capistazione; i capiclasse; i capigruppo; i capisquadra; i capifamiglia; **4** i capolavori; i capoluoghi; i capogiri; i capostipiti;

i capoversi; **5** gli altoparlanti; i bassorilievi; gli asciugamani; i grattacieli; i grattacapi; i segnalibri; i passatempi; i chiaroscuri; i palcoscenici; i sordomuti; i biancospini; i lungomari; le banconote; **6** i pescispada; i pescisega; le navi-cisterna; le navi-ospedale; le guerre-lampo; gli studenti-fantasma; le donne-cannone; i vagoni-letto; i dibattiti-fiume; gli uomini-rana; **7** le casseforti; i pellirosse; le mezzelune; i portifranchi; i fabbriferrai; le acqueforti; le faccetoste; **8** gli schiaccianoci; gli aspirapolvere; le lavastoviglie; i parabrezza; i guastafeste; i battipanni; i retroscena; gli spazzaneve; gli scioglilingua; gli asciugacapelli.

p. 27, *lower*

1 le siringhe; le facce; gli obblighi; le stazioni; le macchie; i cavalcavia; le panche; i cinema; le navi-traghetto; le violiniste; le azioni; i patriarchi; i parroci; i milioni; i sabati; i paracadute; i vaglia; le ali; i fascisti; i bassifondi (bassofondi); i manici (manichi); le gru.

2 i ficcanasi; le arie; le bacheche; i caporioni; le elegie; gli scalpiccìi; le specie; gli ambienti; i carri-bestiame; le province; gli spaghi; i cardiologi; i portavoce; le stanghe; i mucchi; i musicisti; i carichi; gli autobus; i parafanghi; le bici; le estati; i battiscopa; le armi.

3 gli ozi; i film; i capibanda; i monarchi; le zete (le/gli zeta); le mezzetinte; i sosia; le beghe; i gattopardi; i pianeti; gli stomachi (stomaci); gli oblò; i marciapiedi; le chiavi; le serie; i mendìchi; i finalisti; i tagliaglegna; le toghe; le cortecce; gli odi; gli accendisigari.

p. 28

1 arance, ciliegie, asparagi **2** i medici, chirurgi (chirurghi) **3** migliaia, pomodori (pomidori) (pomidoro) **4** i programmi, gli orari degli spettacoli, le

domeniche **5** quegli zoo, i gorilla, le oche, i buoi **6** i
dialoghi, gli europei, i cinesi, i belgi, i greci **7** fabbriche,
gli operai, i nemici, padroni **8** le mogli dei sindaci,
pianiste **9** centinaia, foto, quei laghi **10** i soci, le socie,
storici, sociologi **11** sport, gli sforzi, gli atleti **12** le
carceri, studi **13** i poeti, i templi (tempi), dagli dei, gli
uomini **14** questi echi, dai pendìi, quei monti **15** i
colleghi, università, delle ipotesi, i problemi, degli
erbicidi **16** ai capireparto, i bei portacenere, sui
pianoforti **17** i cani poliziotto, ai lungarni, portalettere
18 i buongustai, le pastasciutte, gli ossibuchi, dai
capocuochi (capicuochi)

p. 29

1 I cataloghi sono nelle valigie. **2** . . . due paia di scarpe,
delle camicie e degli asciugamani. **3** Gli autobus hanno
nuove targhe. **4** Gli elettricisti riparano le radio. **5** tali
drammi, palcoscenici **6** le banche, quelle banconote
7 . . . tracce di uova marce su tutte le superfici
(superficie). **8** queste spiagge, troppi pescicani
(pescecani) **9** Tutte le carrozze tranne i vagoni letto
sono piene di profughi. **10** I ladri usarono spranghe di
ferro e asce per aprire le casseforti.

p. 30

principio (principle), pl. *princìpi—prìncipe* (prince), pl.
prìncipi; martirio (martyrdom), pl. *martìri—màrtire*
(martyr), pl. *màrtiri;* arbitrio (freedom, will), pl.
arbìtri—àrbitro (umpire), pl. *àrbitri; condominio* (block of
flats), pl. *condomìni—condòmino* (flat-owner), pl.
condòmini; assassinio (murder), pl. *assassinii—assassino*
(murderer), pl. *assassini; omicidio* (homicide, murder),
pl. *omicidii—omicida* (murderer), pl. *omicidi; la tendina*
(curtain), pl. *le tendìne—il tèndine* (sinew, tendon);
osservatorio (observatory), pl. *osservatorii—osservatore*
(observer), pl. *osservatori.*

17

Parts of the body

p. 30

le mani; le dita (i diti); i pollici; le unghie; le dita (i diti) del piede; gli alluci; le braccia; gli avambracci; le ginocchia (i ginocchi); le guance; le labbra; gli orecchi; i denti; gli occhi; le ciglia; i calcagni.

le ciglia (delle palpebre)—i cigli (di un burrone, di una strada); le corna (degli animali)—i corni (strumenti musicali, estremità, sporgenze); le membra (del corpo umano)—i membri (di una famiglia, di una società); le fondamenta (di una casa)—i fondamenti (di una scienza, di una dottrina); le mura (di una città)—i muri (di una casa); le ossa (del corpo umano)—gli ossi (staccati, considerati separatamente); le gesta (imprese, azioni eroiche)—i gesti (movimenti del braccio, della mano); le labbra (del corpo umano)—i labbri (di una ferita, di un vaso); le grida, le urla (dell'uomo)—i gridi, gli urli (degli animali); le fila (della tela, di una congiura)—i fili (del telefono, dell'erba, del cotone, della lana); le dita (della mano considerate collettivamente)—i diti (considerati separatamente); le calcagna (in frasi come 'stare alle calcagna')—i calcagni (nell'uso comune); le lenzuola (il paio che si mette nel letto)—i lenzuoli (considerati separatamente).

Masculine and feminine

p. 30

1 la sorella; la moglie; la cognata; la zia; la madre; la mamma; la nipote; la dottoressa; la professoressa; la maestra; la studentessa; la direttrice; la regina; la principessa; la marchesa; la donna; la femmina; l'attrice; la parrucchiera; la tennista.

2 la nuora; la comare; la madrina; la pittrice; la

poetessa; la lavoratrice; la preside; la scrittrice; la profetessa; l'eroina; la dea; la contessa; la baronessa; la duchessa; l'imperatrice; la nubile; la suora; la badessa; la cagna; la gallina; la leonessa.

3   la pecora; la scrofa; la vacca; la capra; il leopardo femmina (la femmina del leopardo); la volpe femmina (la femmina della volpe); la pastora; la dottoressa (medichessa); l'ambasciatrice; la senatrice; l'avvocatessa (l'avvocato); il (la) sindaco; la vigile urbana (la vigilessa); la deputata (il deputato); il (la) presidente; il magistrato; il (la) giudice; la soldatessa; il primo ministro (il/la premier).

p. 31, centre

il boa: boa constrictor, fur (or feather) boa—*la boa*: buoy; *il capitale*: capital (money, wealth)—*la capitale*: capital city; *il comune*: municipality, town (hall)—*la comune*: commune; *il fine*: aim, purpose—*la fine*: end, conclusion; *il fronte*: (war, economic) front—*la fronte*: forehead; *il mitra*: submachine-gun—*la mitra*: mitre; *il moto*: motion—*la moto*: motorbike; *il radio*: radium—*la radio*: radio; *il varietà*: variety show—*la varietà*: variety; *il viola*: violet (colour)—*la viola*: violet, viola.

p. 31, lower

Il busto di Giove si trova nella prima sala del museo.—Metti la lettera *nella busta*.
Il cassetto della scrivania è chiuso a chiave.—Le pinze sono *nella cassetta* attrezzi.
Qualcuno gli ha dato *un colpo* in testa.—Non è mica *colpa* mia se la macchina non parte.
Questo *dato* ti aiuterà a risolvere il problema di matematica.—Non mi ricordo la tua *data* di nascita.
Lo legherò con un po' di *filo*.—Se vuoi comprare dei francobolli devi metterti in *fila*.
Mi serve *un foglio* di carta.—*La foglia* è caduta dall'albero.

Il gambo della rosa è pieno di spine.—Zoppico perché mi sono fatto male *alla gamba*.

Con *il grano* si fa la farina.—Hai già tanti problemi, questa *grana* proprio non ci voleva.

Si è rotto *il manico* della scopa.—*La manica* destra della camicia è più corta.

La macchina è andata a finire contro *un palo* della luce.—Prendi *la pala* e ammucchia la terra.

Saputa la triste notizia, scoppiò in *un pianto* dirotto.—Questa è *la pianta* più bella del giardino.

Devo prenotare *un posto* sull'aereo.—Ho spedito il pacco per *posta*.

Da questo *punto* si gode un bel panorama.—Mi si è rotta la *punta* della matita.

Il tasso è un mammifero che passa l'inverno in letargo.—Il governo ha aumentato *la tassa* sui liquori.

La sposa aveva il viso coperto *dal velo*.—Ho appena comprato una barca a *vela*.

Per andare in Russia ci vuole *il visto*.—Porto gli occhiali perché ho *la vista* corta.

p. 32, top

i peri, le pere; i prugni, le prugne; i banani, le banane; gli albicocchi, le albicocche; i limoni, i limoni; gli aranci, le arance (gli aranci); i peschi, le pesche; i susini, le susine; i mandarini, i mandarini; i ciliegi, le ciliegie; i mandorli, le mandorle; i noci, le noci; i nocepeschi, le nocepesche; i melograni, le melagrane; i meli cotogni, le mele cotogne; i pompelmi, i pompelmi.

Plural and singular in English and Italian

p. 32

1 Perché non usi il cervello? 2 I miei capelli sono molto sporchi. Devo lavarli. 3 Quei baffi sono troppo lunghi. Perché non li tagli? 4 molta gente dice 5 per ulteriori

informazioni **6** portano un fazzoletto rosso intorno al collo **7** Dov'è la cuffia? **8** la bilancia è rotta **9** le donne sempre ti danno la mano **10** L'uva ti fa bene. **11** in ginocchio **12** due chili di droga **13** una brutta notizia **14** Il mio pigiama è troppo piccolo. **15** Il binocolo è rotto. **16** La merce arrivò in buone condizioni. **17** quale verdura, spinaci o asparagi

7 Adjectives

Variable and invariable adjectives

p. 36

fresca; preziosa; fedeli; enormi; gonfi; esteri; umani; chimiche; famose; modici; europei; rosa; milanesi; intelligenti; elettrici; simpatiche; continui; socialisti; blu; caratteristici.

cielo azzurro; cavalli veloci; nave spaziale; mostri orribili; carne lessa; truppe tedesche; incidenti stradali; arbitro imparziale; spettacoli divertenti; borse pesanti.

1 discorsi seri; centri storici; lenti doppie; magnifici alberi; direttori responsabili; accordi italo-francesi; (delle) cravatte viola; studi sociologici; tradizioni ebraico-orientali; effetti socio-politici; forze laico-illuministiche; canti popolari russi; cifre pari; impianti elettronici; proposte eurocomuniste; movimenti liberal-democratici; (dei) mantelli porpora; (dei) tappeti rosso vivo; (delle) vestaglie blu notte; saggi storico-letterari; torri antiche; (dei) foulard verde marcio; lettere semiserie; ricerche filologico-linguistiche; (dei) cappotti grigio asfalto.

2 istituti tecnici; mele fradice (fradicie); uomini forti; scienze storico-sociali; (dei) fazzoletti lilla; prove teorico-pratiche; paesi natii; ricordi aspro-dolci; numeri dispari; (dei) giacconi blu aviatore; metodi

storicistico-scientifici; (delle) maglie mattone; poeti anglo-americani; parole sconce; (dei) cappelli grigio topo; egregi signori; (dei) drammi austriaci ottocenteschi; manoscritti economico-filosofici; (degli) sfondi madreperlacei; rivoluzioni non violente; (delle) bluse verde caccia; differenze politico-ideologiche; (delle) scarpe marrone (marroni); conflitti franco-cinesi; (dei) giubbotti rosso lacca.

3   (delle) gonne grigie; prugne secche; (dei) tramonti rosa; i sacrosanti doveri; (delle) cornici verde pisello; soldati austro-ungarici; (dei) colletti bianchi; sistemi politici; (delle) camicette ciliegia; camion carichi; idee nazionalfasciste; vasi greci; (dei) tailleur rosso tegola; valori intrinseci; carte giallo ocra; pareti lisce; (dei) calzini arancio; villaggi vietnamiti; (dei) vestiti marrone chiaro; (delle) luci arancione (arancioni); situazioni intrapsichiche e interpersonali; (dei) nastrini rosa pallido; (dei) pullover blu scuro; (dei) cieli rosso fuoco.

p. 37, bottom

1   giorni felici; bambini stanchi; vari libri; castelli francesi; una lingua straniera; aeroporti internazionali; una guida pratica; un film violento; parole comuni; brutte facce; una stanza larga; il sistema economico; esercizi facili; pagine bianche; attori giovani; un gran(de) ritratto; un grande spettacolo; un gran(de) cuore; una grande (grand') occasione; un grande zero; un grande specchio; strade lunghe; rumori molto strani; porzioni uguali; parchi nazionali; chiese gotiche; genitori isterici.

2   piloti tedeschi; aeroplani greci; marinai ubriachi; palazzi antichi; vecchi saggi (savi); capelli lisci; un tappeto viola; quaderni sporchi; gli unici posti al cinema; passeggeri austriaci; uova marce; colori gai;

membri socialisti; costumi rosa; gatti selvatici
(selvaggi); guanti arancione (arancioni); turisti
italo-americani (americo-italiani); divise grigioverdi;
bambini sordomuti; parole agrodolci; sussidi
audiovisivi; le industrie chimico-farmaceutiche;
finestre verde bottiglia; una bicicletta blu (azzurra) e
argento; borsette marrone (marroni); pullover verde
oliva; una maglietta rosso rame.

Position of adjectives

p. 38

1 a needy b unfortunate 2 a big b great 3 a tall
b high-ranking 4 a (brand-) new b another 5 a old
(not new) b former (previous) 6 a a certain (particular)
piece of news b reliable (indisputable) (sure) 7 a a
common soldier (a private) b just (merely) a soldier
8 a the crimson wine gushed (the wine gushed red)
b the red wine (not white) 9 a holy (saintly) b that
blessed woman (that woman, for heaven's sake)

p. 39

1 a different b a number of (several) 2 a large b a lot
of 3 a sweet b expensive 4 a a proper noun b one's
own (your) name 5 a the boy himself b the same boy
6 a we just (merely) want wine b we want only
undiluted wine 7 a for lonely b only for 8 a some nice
(a lovely plate of) pasta b some decent pasta (for a
change) 9 a real (proper) b true

8 Countries, cities, races, and regions

Foreign cities, countries, and inhabitants

p. 41

la Spagna, spagnoli; l'Irlanda, irlandesi; il Canadà (il Cànada), canadesi; la Germania (Federale), tedeschi; l'Afghanistan, afghani; la Nuova Zelanda, neozelandesi; la Polonia, polacchi; il Salvador, salvadoregni; l'Israele, israeliani; la Cecoslovacchia, cecoslovacchi; la Svezia, svedesi; la Scozia, scozzesi; la Francia, francesi; la Russia, russi; il Cile, cileni; l'Egitto, egiziani; il Giappone, giapponesi; la Grecia, greci; la Cina, cinesi; l'Irak (l'Iraq), iracheni; la Jugoslavia, jugoslavi; l'Iran, iraniani; la Romanìa, rumeni (romeni); le Filippine, filippini; l'Austria, austriaci; gli Stati Uniti, americani; il Brasile, brasiliani; l'Australia, australiani; l'Olanda, olandesi; il Perù, peruviani; il Belgio, belgi; il Vietnam, vietnamiti; il Portogallo, portoghesi; la Cambogia, cambogiani; l'Ungheria, ungheresi; la Svizzera, svizzeri.

Adjectives describing Italian regions, towns, and inhabitants

p. 41

in Calabria, calabrese; in (nell') Umbria, umbro; in Romagna, romagnolo; nel Molise, molisano; in (nella)

Valle d'Aosta, valdostano; in Liguria, ligure; in Puglia, pugliese; nelle Marche, marchigiano; nell' (in) Alto Adige, altoatesino; in (nella) Venezia Giulia, giuliano; in Abruzzo, abruzzese; in Piemonte, piemontese; nel (in) Friuli, friulano; in Sardegna, sardo; in Basilicata, lucano.

p. 42

veneziano; catanese; aretino; pratese; comasco; bresciano; pavese; ravennate; astigiano; cagliaritano; piacentino; estense; beneventano; poliziano; napoletano; perugino; reggiano; reggino; anconitano; cremonese; cesenate; pistoiese; salernitano; trevisano (trevigiano); aquilano; eugubino (iguvino); tiburtino; spezzino; fiorentino; bergamasco; forlivese; urbinate; palermitano; senese; assisiate; lucchese; triestino; cosentino; vicentino; parmense (parmigiano); rodigino; tarantino (tarentino).

Napoli; Milano; Bologna; Milano; Trieste; Bologna; Verona; Venezia; Catania; Padova; Roma; Firenze.

Special uses and idiomatic phrases

p. 43

1 let's go Dutch 2 the shutters 3 some 'toscano' cigars (strong cigars) and a box of safety matches 4 a new pelmet 5 the sponge-cake rather than the fruit-salad or the trifle 6 the (Neapolitan) espresso coffee-pot
7 without his beret 8 is worth a fortune 9 he talks double-Dutch

1 the roller-coasters 2 he pretended not to understand (feigned ignorance) 3 disco my foot! (like hell you will!) 4 cook yourself a T-bone steak (a Florentine-style steak) 5 free-loaders (passengers without a ticket)
6 the chopping and changing (the alternately hot and cold attitude) 7 the thieves from Pisa (those who while apparently hating each other always get on well together

when hurting others)   **8** the Aunt Sally (the prime
target)   **9** he'll be the one who'll have to eat humble pie

p. 44

Abita a Roma ma non è *romano*. Il *romanesco* è il
dialetto che si parla a Roma. Un *romanista* è uno
studioso di diritto o di storia romana. Si chiama *romanico*
lo stile artistico che si diffuse in Europa fra l'undicesimo
e il tredicesimo secolo. Sei *romagnolo* se sei nato in
Romagna. Sei *rumeno* se sei nato in Romanìa.

9 The present indicative

Regular and irregular forms

p. 45

1 trovano; fumo; abbiamo; conoscete; cerchi; capisce;
sente; sappiamo; esco; studi; nascono; preghiamo;
spieghiamo; tengo; vanno; faccio; paga; lasci;
muoiono; accompagnate.

2 rimango; riesci; valiamo; offre; ottiene; premi;
riducono; insegniamo; spengo; soniamo (suoniamo);
costruisce; impedisce; crei; odi (odii); pongono;
riempie; feriscono; segniamo; rifate; possiedo
(posseggo).

3 maledite; trattengono; mentisci (menti); taccio;
guadagniamo; annoiate; soddisfi (soddisfai); indichi;
colgo; esegue; favorisco; avvii; gradiscono; sciolgono;
distraggono; cocete (cuocete); umìli; custodisce;
risalgo; sogniamo.

p. 46

1 gioca; cominci; fate; vanno (tornano); bevono; dite;
asciughi; soffochiamo; sostituiscono; disegnate;
distruggo; obblighiamo; fuggono; comunichiamo;
ubbidisci; sparisce (scompare) (scomparisce)
(svanisce); convincono; complichiamo; proibiscono;
carichiamo; scegliete; propone.

2 contengono; moviamo (muoviamo) (spostiamo); garantisco; scii; provochiamo; trasferisce; applaudisco (applaudo); cambi; vale; bolle; impongono; vuotate; rischi; cuce; presiediamo; abbracci; dedichiamo; benedite; starnutiscono; vari; nuotiamo.

p. 47

1 sparire—spariscono **2** cuocere—cuoce
3 nuotare—nuotiamo **4** comparire—compaiono
(compariscono) **5** arrossire—arrossisce
6 sfiorare—sfiora **7** imbiancare—imbiancano
8 fallire—falliscono

Duration in the present with expressions of time

p. 47

1 sono qui da **2** leggi quel libro da **3** lavoriamo . . . dal
4 non guardano la televisione da **5** vive (da) sola da
6 Da quanto tempo aspetti Giulia? **7** non scrive da
8 studi l'italiano da **9** conosciamo . . . da **10** sono due
mesi che **11** pieghi quelle carte (quei fogli di carta) da
12 disfacciamo (disfiamo) . . . da

10 Pronouns

Pronoun subjects

p. 49

1 Lui è inglese, non io. **2** Loro non vanno a scuola oggi. Perché non rimani a casa anche tu? **3** Sono io! **4** Siamo noi! **5** Non è lei . . .? **6** Io sono (sono io) quello che . . . **7** Tu sei (sei tu) quello che . . . **8** Ora noi siamo (siamo noi) quelli che . . .

1 Lei e Alessandro cercano **2** Io e Lei abbiamo **3** Tu (te) e lui frequentate **4** Noi e loro arriviamo **5** Io e lei siamo **6** E cosa fate voi **7** Lei stessa dice che **8** Non sei più tu

Disjunctive (stressed) pronoun objects

p. 50

1 te **2** lei **3** me **4** loro **5** lui **6** voi **7** te, me **8** sé **9** loro **10** Lei **11** noi **12** sé, me **13** se stesse **14** lui (esso)

1 segue me, non segue lei **2** come te **3** porta con sé **4** per Lei **5** con voi (due) **6** a lui, a lei **7** ascolti noi o loro? **8** guardo lui non lei! **9** lui aspetta me, io non aspetto lui! **10** cercavo te, non Anna

Conjunctive (unstressed) pronoun objects

p. 51

1 lo **2** ti **3** le **4** ci **5** li **6** gli **7** vi **8** l' **9** Le **10** mi
11 la **12** le **13** gli

1 non li mangio mai **2** non l'aiutiamo **3** le uso **4** mi
telefonano **5** gli dicono di **6** ci vedono **7** non La
riconosco **8** vi scrivono **9** gli dà (dà loro) **10** farlo
11 a comprarle **12** cerchiamo di spiegargli **13** mostrarle
(farle vedere) la foto

Agreement with *Lei* and *Loro*

p. 52

1 Lei è italiano **2** Lei è molto stanca **3** Loro sono stati
molto gentili **4** sono arrivate **5** vengo a trovarLa
6 L'ho vista **7** Loro tutti sanno perché Li abbiamo
invitati **8** non si è accorto dell'errore

The neuter *lo*

p. 53

1 ma non lo è **2** ma non lo sono **3** quando te lo
chiedo . . . te lo dico sempre **4** te lo prometto **5** lo era
ma non lo è più **6** tutti lo dicono **7** e adesso anche lui lo
sa **8** ma non lo fa mai

Idioms with *la*

p. 53

1 I can't stand it any more. **2** I'm not angry with
anyone **3** I don't feel like **4** he gets angry with (starts
picking on) everyone **5** cut out the talking for once,
would you? **6** manage fairly well **7** we had a lucky

escape! The boat nearly sank. **8** thought his number was up (thought he was in real trouble) **9** they always manage (get by) **10** the fish have cleared off **11** puts everything into it (does his very best) **12** they'll make him pay (dearly) for it

p. 54

1 how are you getting along? **2** let's hope for the best (let's pray that it starts)! **3** to cut a long story short **4** it's all or nothing (I'll either make it or break it) **5** it's obvious that what he said was nonsense **6** that's not the way I see it **7** The police have never caught Angelo red-handed: he always manages to get away with it. **8** At first they were wary of each other, but now they get on really well together **9** Stop it (cut it out)! **10** I was able to make it (to succeed) **11** the car-thief took to his heels **12** he won't forget it.

Reflexive pronouns (unstressed)

p. 55

1 si pettina quando si alza **2** ti lavi **3** non si vergogna di **4** non mi metto il cappotto **5** non si odiano! Si amano! **6** Se ci abboniamo a quella rivista, riceviamo un libro gratis. **7** si compra **8** tutti si tolgono il pullover **9** si asciuga i capelli **10** ci vediamo, ci salutiamo **11** ti guardi **12** ci copriamo **13** non vuole tagliarsi (non si vuole tagliare) le unghie

1 Se si sposta un po', posso sedermi (mi posso sedere). **2** si vestono **3** Puoi andartene (te ne puoi andare) perché non mi muovo. **4** si diverte sempre **5** mi riferisco **6** si sente **7** ci incontriamo **8** mi abituo sempre di più **9** si dirigono **10** ci fermiamo **11** Ti sporchi se ti sdrai **12** Non deve toccarlo. Vuole tagliarsi le dita o bruciarsi la mano?

Pronoun combinations

p. 56

1 te la scrivo **2** glielo do **3** me li fa **4** ce le restaurano
5 glieli lavo **6** ve la diciamo **7** se lo mette **8** gliele
porterete (le porterete loro) **9** se li tirano **10** gliela
mostro (la mostro loro) **11** me la lucida **12** se le danno
13 ce li compriamo **14** gliela racconterai (la racconterai
loro) **15** le si addice **16** gli si siedono accanto

1 Perché non te la metti? **2** glieli do **3** se le toglie **4** e la
lettera? – gliela porto **5** non me li consegna **6** ho il Suo
biglietto: glielo mando **7** Che rivista interessante! Vuoi
comprarcela (ce la vuoi comprare)? **8** puoi mostrarmele
(me le puoi mostrare) (puoi farmele vedere) **9** voglio
darglieli (glieli voglio dare) (li voglio dare loro) **10** Chi
ve li taglia? **11** mi si appiccica **12** Gli si gonfiano i
piedi ogni volta che viaggia in aereo. **13** Il pesce non le
si confà.

11 Possessives

Possessive adjectives and pronouns

p. 60

1 mie, tue 2 suo 3 mia, tua, tua, mia 4 miei
5 vostro 6 loro 7 propria 8 nostro 9 loro 10 tuo
11 miei, vostri 12 propri (suoi), tuoi 13 propri 14 Sua

1 la sua presenza, il nostro lavoro 2 i miei pantaloni
3 io porto (indosso) la sua blusa e lei porta (indossa) la
mia 4 fare il proprio dovere 5 i tuoi (i vostri) quaderni,
i loro 6 le mie penne, le tue (le vostre) 7 i loro
autobus, i nostri 8 la propria forchetta 9 sono sue (di
lui) queste scarpe, sono mie 10 la Sua macchina, la Sua
è vicina alla loro 11 questo bicchiere è di lui e quello è
di lei.

p. 61

1 my family (parents) don't feel like . . . your family
(parents) 2 your letter of the 13th inst. 3 Andrea
played up again 4 I'll have Tiziana on my side 5 you
always want to have your say 6 Here come our men
(the goodies)! (help is on the way!) 7 they've been
living peacefully on what they have

Possessives with relatives

p. 61

i suoi nipotini; il loro padre; il tuo caro genero; la mia

cugina di Bologna; il suo bisnonno; il mio caro suocero; il loro figlio; la mia brava nonna; il nostro figliolo; i miei suoceri; lo zio nostro; la sua sorellina; il tuo zio prete; il mio figlio che è morto.

p. 62

(la) sua zia; il loro fratello; i suoi cugini; la mia sorella maggiore; (il) tuo nonno; (il) tuo cognato; il suo fratellino; mia madre; i suoi figli; (il) suo nipote; il tuo bisnonno; la loro nuora; (la) nostra nipote; il suo zio ricco; la mia sorellastra; tua moglie; la nostra vecchia nonna; (la) sua suocera; (il) suo nipote; il loro padre; nostra figlia; i suoi pronipoti; il tuo figlio minore; la mia prozia; tuo figlio.

Other examples of omission of the definite article with possessives

p. 62

1 I haven't had any news from him (her) for the past year. **2** they have made available to us **3** at your own risk **4** everyone rushed to his (her) aid **5** It's my fault **6** he (she) intends introducing three more bills **7** do everything on your own (your own way) **8** in my opinion that cruise **9** Don't hesitate to approach him, for he is an acquaintance of mine. **10** in spite of my wishes (much to my regret) **11** unbeknown to us (without our knowledge) **12** my friend **13** In my humble opinion the script left much to be desired.

p. 63

1 It's our duty to respect our neighbour. **2** as his counsel for the defence **3** the expenses will be debited to you **4** much to their regret **5** on his (her) suggestion **6** on my behalf **7** of our own free will **8** as was his (her) wont (custom) **9** in their company **10** in due course (at the proper time) **11** for our personal use **12** The bank has written out a cheque in your favour.

English possessive not translated in Italian

p. 64

1 batte la testa   **2** ha le finestre aperte   **3** lascio la borsa
(la cartella)   **4** è sempre in vestaglia   **5** senza cappello
6 i nonni   **7** la patente   **8** alzare i piedi   **9** non cambia
mai idea   **10** un libro sotto il braccio

12 Comparison of adjectives and adverbs

Comparative of equality and inequality

p. 65

1   **a** Quello zaino è più pesante di questa valigia.
    b Questa valigia è meno pesante di quello zaino.
    c Quello zaino è pesante come questa valigia.

2   **a** La mia moto è più rumorosa della tua auto. **b** La
    tua auto è meno rumorosa della mia moto. **c** La mia
    moto è rumorosa come la tua auto.

3   **a** Fulvia è più intelligente che bella. **b** È meno bella
    che intelligente. **c** È (così) intelligente come bella.

4   **a** Adriano corre più velocemente di me. **b** Io corro
    meno velocemente di Adriano. **c** Adriano corre
    velocemente come me.

5   **a** La matematica è più interessante della chimica.
    b La chimica è meno interessante della matematica.
    c La matematica è interessante come la chimica.

6   **a** Sergio parla meglio di Oreste. **b** Oreste parla
    peggio di Sergio. **c** Sergio parla bene come Oreste.

7   **a** Lo spettacolo è più originale che divertente. **b** È
    meno divertente che originale. **c** È (così) originale
    come divertente.

8   **a** Io sono più alto di mia sorella. **b** Mia sorella è
    meno alta di me. **c** Io sono alto come mia sorella.

9   **a** La stanza è più ampia che luminosa. **b** È meno
    luminosa che ampia. **c** È (così) ampia come
    luminosa.

10   **a** Tu scrivi peggio di Loredana. **b** Loredana scrive meglio di te. **c** Tu scrivi male come Loredana.

11   **a** Loro due sono più arroganti che cattivi. **b** Sono meno cattivi che arroganti. **c** Sono (così) arroganti come cattivi.

12   **a** Carlo è più buono (migliore) di te. **b** Tu sei meno buono (peggiore) di Carlo. **c** Carlo è buono come te.

13   **a** Le due tavole sono più lunghe che larghe. **b** Sono meno larghe che lunghe. **c** Sono (così) lunghe come larghe.

14   **a** Tu mangi meno di me. **b** Io mangio più di te. **c** Tu mangi poco come me.

15   **a** Abbiamo guadagnato più questo mese che l'altro mese. **b** . . . meno l'altro mese che questo mese. **c** . . . questo mese come l'altro mese.

p. 66

1 migliori   2 maggiore   3 peggiore   4 minore   5 superiori
6 inferiore

1 è più grande di   2 La mia auto è più veloce della tua.
3 Lei è più giovane di me.   4 più di lui   5 più fabbriche a Milano che a Napoli   6 Fare la spesa è più facile che studiare.   7 è occupato come (quanto) Carlotta
8 L'argento è meno prezioso dell'oro.   9 Io sono felice come (quanto) lui.   10 Ho tante lezioni quante te.
11 tanti ragazzi quante ragazze   12 sono sporche come (quanto) le tue

1 Passano più tempo in discoteca che a casa.   2 due volte più larga della sua   3 sempre più difficili   4 sempre più velocemente (veloci)   5 più bambini possibile   6 molti più biglietti di lui   7 molto più alti di questi   8 molto di più
9 molto più di me   10 venti dollari in più   11 Più ascolto (e) più capisco.   12 Tale padre tale figlio.

p. 67

1 ancora meno felici qui che lì   2 Non sono meno ricchi

di te. **3** venti pagine di (in) meno **4** meno italiani che americani **5** Più scriviamo (e) meno difficoltà abbiamo.
6 sempre meno popolare **7** I capelli biondi sono più morbidi di quelli neri. **8** è peggio parlare che tacere **9** è peggiore dell'altra **10** fa più bene a te che a me **11** non ha tanta fame quanta il tuo **12** Il veneziano è più vicino al milanese che (non) al siciliano.

Superlatives

p. 67

1 fortissimo **2** stanchissimo **3** ricchissima **4** vecchissimo **5** simpaticissima **6** buonissima (ottima) **7** amplissima (ampissima) **8** piissima **9** cattivissime (pessime) **10** antichissima **11** celeberrimo **12** integerrimo **13** asprissima (asperrima) **14** piccolissima (minima) **15** padronissimo **16** in gambissima

p. 68

1 stanca morta **2** ubriaco fradicio **3** pieno zeppo **4** matto da legare **5** pieno raso **6** muoio di fame **7** bagnati fradici **8** ricco sfondato **9** sporche luride **10** buio pesto **11** vecchia decrepita **12** nuove fiammanti (di zecca)

1 è il più interessante della biblioteca **2** sono le più belle di tutte **3** è la più timida della scuola **4** è il più buono (il migliore) della cantina **5** è il più famoso del mondo **6** sono i più cattivi (i peggiori) della classe **7** è il più grande (il maggiore) dell'Ottocento **8** è il più caldo dell'anno **9** è il più piccolo (il minore) dei suoi fratelli **10** ha fatto più di tutti quanti

p. 69

1 il treno più veloce del mondo **2** Il monte Bianco è il monte più alto d'Europa. **3** fra i migliori d'Italia **4** il minimo che posso (possa) fare per lei **5** il massimo che posso (possa) fare ora è darti **6** il minimo disturbo **7** è il più lungo dei fiumi italiani **8** è il peggiore giocatore della squadra **9** Qual è la macchina più venduta in Europa? **10** Lo sport più praticato in Italia è il calcio.

13 The *passato prossimo*

Use with regular and irregular past participles

p. 72

1 abbiamo finito 2 hai venduto 3 ho coperto 4 ho visto (veduto) 5 abbiamo preso 6 ha messo 7 hai conosciuto 8 hai detto, hanno chiesto 9 hai chiuso, ho aperto 10 ha tenuto 11 avete risposto 12 hanno reso 13 hai spiegato

1 ho letto, ha scritto 2 hanno offerto 3 ha vinto 4 ho tolto 5 hanno permesso 6 avete scelto 7 ha pianto, ha sofferto 8 hanno raggiunto 9 ha stretto 10 hai acceso, ho spento 11 hanno subìto 12 ha compiuto 13 hanno rotto

p. 73

1 abbiamo raccolto 2 hanno distrutto 3 avete posto, è stato 4 abbiamo spinto 5 ha taciuto 6 ha guarito 7 hanno seppellito (sepolto) 8 ha retto 9 hai agito 10 hai sciolto 11 hanno distratto 12 hanno patito 13 abbiamo introdotto, hanno trovato

Use with reflexive verbs

p. 73

1 si è trovata 2 si sono visti, si sono salutati 3 si è svegliata, si è alzata, si è vestita 4 si è lavato (lavati)

5 ti sei messo (messe) **6** si sono iscritti **7** ci siamo resi
8 mi sono comprato (comprata) **9** si sono bevuti
(bevuta) **10** si è tolta (tolto), si è seduta **11** non si sono
mai aiutati **12** vi siete mossi **13** si è dimenticato
(dimenticata) **14** mi sono laureato **15** non vi siete mai
abituati

p. 74

1 Mi sono già asciugato (asciugate) le mani. **2** si è rotta
(rotto) il braccio **3** si sono messe (messi) i vestiti nuovi
4 si è tolto (tolti) i calzini **5** non si è pettinata **6** si è
pulito (pulite) le scarpe **7** Mi sono bagnato (bagnati) i
piedi. **8** si sono addormentati, si sono svegliati **9** si è
avviata **10** si è chinato per raccogliere **11** si sono
trasferiti

1 vi siete lavati **2** si è divertita **3** ci siamo annoiati **4** si
sono incontrati **5** ci siamo riposati **6** si è fermato **7** si
sono ammalati tutti **8** ci siamo spogliati, ci siamo tuffati
9 si sono messi in testa di fare **10** si sono guardati negli
occhi.

The auxiliary verb

p. 75

1 è **2** è **3** hai **4** ho **5** è **6** ha **7** è **8** ha **9** ho **10** è
11 è **12** ho **13** sei **14** ha **15** è

1 è **2** ha **3** sono **4** è **5** è **6** ha **7** è **8** ho **9** è
10 hanno **11** ha (è) **12** ho **13** ha **14** è **15** è

p. 76

1 hai **2** sei **3** è **4** sei **5** sei, hai **6** sono, ho **7** è **8** è
9 ha **10** ha **11** è **12** è (ha), è **13** hai **14** è **15** è

1 siamo partiti **2** sono venuti **3** è andato **4** ho
viaggiato **5** è nata **6** è rimasta a casa **7** siamo stati
8 è arrivata **9** è (ha) piovuto, è (ha) grandinato **10** non
hai camminato **11** è caduta dall'albero **12** hai messo

13 abbiamo riso

p. 77

1 Non ho capito la domanda.   **2** Sono appena tornati.
3 è morta   **4** hai scritto   **5** Mi è subito sembrato (parso)
strano.   **6** non siamo usciti   **7** hai toccato   **8** ha vinto
9 è cambiata   **10** non mi avete convinto   **11** ho acceso
12 è successo l'incidente   **13** hanno eletto

1 hai svegliato   **2** Ho smesso di fumare.   **3** hanno
spento   **4** è sparito (scomparso)   **5** ho assistito alla
lezione   **6** hanno appena annunciato   **7** hai staccato
8 sono fuggiti (scappati) quando hanno sentito   **9** Ho
pregato Sandro di non farlo.   **10** ha cotto (cucinato)
11 ha agito   **12** È comparsa stamani davanti al
tribunale.   **13** è tramontato

Verbs taking both *essere* and *avere*

p. 78

1 a ha corso allo stadio   **b** è corso   **2 a** Abbiamo salito le
scale.   **b** Siamo saliti con l' (in) ascensore.   **3 a** sono
scesi   **b** ho sceso   **4 a** è passata da   **b** mi ha passato
5 a non ho mai volato   **b** i tennisti sono volati al Cairo
6 a è saltata   **b** ha saltato   **7 a** Ha suonato?   **b** è appena
suonato   **8 a** gli è mancata la forza   **b** Ho mancato di
avvertirlo.

p. 79

1 a Ha già cominciato.   **b** è cominciata
2 a L'ammonimento non è servito a niente.   **b** ha
servito   **3 a** Il prezzo della benzina è aumentato.
b hanno aumentato   **4 a** non hanno diminuito   **b** non
sono diminuiti   **5 a** è finita   **b** Abbiamo finito?   **6 a** è
cessata   **b** hanno cessato di   **7 a** ha emigrato   **b** è
emigrata in   **8 a** è molto cambiato   **b** ha cambiato
lavoro

Agreement of past participle with pronoun objects

p. 79

1 li ho ricevuti **2** l'abbiamo bevuta **3** le ha viste **4** me l'hanno portata **5** ve li ho dati **6** se l'è lavata **7** glieli ho chiesti **8** gliel'ha raccontata **9** se li sono asciugati **10** ce le ha restituite

p. 80

1 te l'hanno spedita **2** gliel'ha denunciato **3** glieli ha consegnati (li ha consegnati loro) **4** se le è tolte **5** me le sono messe **6** ce la siamo comprata **7** gliele ho date (le ho date loro) **8** glieli ho mostrati **9** ce li avete tagliati **10** glieli abbiamo fatti notare

1 li ho messi **2** qualcuno l'ha già sporcata **3** gliel'ho dato quando le ho telefonato **4** E le loro mani? – Non se le sono lavate. **5** ce l'ha già raccontata **6** te l'ho letta **7** Lei sa che li ho rotti. Chi gliel'ha detto? **8** E le tazze? – Le ho già sciacquate. **9** Le diapositive? Gliele ho mostrate (le ho mostrate loro) (gliele ho fatte vedere) (le ho fatte vedere loro).

p. 81

1 I suoi capelli sono così lisci: se li è appena spazzolati? **2** (gli appunti) glieli ho ridati **3** ve le ho mandate (spedite) **4** se li è tolti **5** dove l'hai presa, me l'ha comprata **6** me l'ha già ripetuta . . . È questo quello che le hanno insegnato ieri? **7** le si è avvicinato, ha tirato fuori di tasca le chiavi, e gliele ha consegnate (date) **8** si è messa tutti i vestiti, li ha cosparsi, le si è gettato addosso **9** l'ha visto, gli ha stretto la mano, gli si è messa accanto

14 The particles *ne* and *ci (vi)*

Use of *ne* with simple and compound tenses

p. 83

1 ne apprezzano il valore 2 ne dubito 3 ne vale la pena
4 ne torno 5 me ne vergogno 6 so cosa farmene 7 ce
ne compriamo un altro 8 gliene faccio una
9 disfarsene 10 ne manca una fetta 11 secondo me devi
liberartene 12 voglio farne (ne voglio fare) 13 voi altri
ve ne accorgete 14 ce ne sono parecchi . . . come me

1 ne ho messi alcuni 2 ne ho viste 3 ne ha appena
mangiati due 4 gliene ho dati 5 se ne è comprata
(comprate) tre 6 ne abbiamo già parlato 7 se ne è
occupato lui 8 ne ho sentito la mancanza 9 me ne ha
fatti vedere 10 ne sono usciti 11 ne ho lavato (lavati)
due etti 12 se ne sono bevuti (bevuta) molta 13 ne ho
dato 14 ne hanno già consumato (consumati) dieci litri

p. 84

1 non ne ho 2 ne prende due 3 hanno tanti pomodori
che ce ne danno 4 te ne parla mai 5 ce n'è ancora 6 che
ne pensi 7 ne sei sicuro 8 Lui se ne frega di lei. 9 gliene
portiamo uno 10 me ne rendo conto

p. 85

1 gliene hanno consegnati dieci 2 Vi siete stancati di
guidare? – Sì, ce ne siamo stufati. 3 Si è accorta delle

45

statue? – Sì, se n'è accorta subito. **4** ne ho ricevute parecchie **5** non ne ha visti **6** Si sono mangiati (mangiate) tutte quelle mele? – No, ne hanno buttate via tre marce. **7** ne ho letto (letti) i primi due capitoli **8** se n'è comprato (comprata) una dozzina **9** ne ho fumato (fumata) solo metà **10** gliene hanno dato un chilo

Use of *ci (vi)*

p. 85

1 ci è andato **2** ci credo **3** ci ho fatto caso **4** ci ho riflettuto **5** ci riesco **6** ci ho provato **7** ci pensa **8** ci (vi) ho messo il sale **9** quando lui ci (vi) è entrato **10** ci (vi) ha buttato dell'acqua **11** mi ci sono abituato **12** ce (ve) li ho portati **13** ti ci ho visto **14** ci (vi) si trovano **15** vi ci mandano (ci mandano là) **16** vi ci vuol portare (vi vuol portare là)

p. 86

1 ci (vi) abbiamo trovato molta neve **2** nessuno ci (vi) abita più **3** ci penso sempre **4** dentro c'è una (la) sorpresa **5** ci (vi) è entrato subito **6** voglio dormirci sopra **7** mi ci abituo **8** ci (vi) si è gettato sopra **9** perché ti ci arrampichi? **10** ci (vi) ho messo un libro sopra

Ne or *ci* ?

p. 86

1 non ne posso più **2** io ci sto **3** che c'entra questo **4** ci metto solo . . . per (ad) arrivare **5** non ne voglio più sapere **6** quanto ti ci vuole per . . . mi ci vogliono due ore **7** ci risiamo **8** non ci capisco niente (un accidente) (un'acca) **9** ne ha fatte di tutti i colori **10** non ne vale la pena **11** non ci hai rimesso niente

p. 87

1 c'era una volta un re **2** ci penserò io **3** se ne occupa Rina **4** ci tengo molto **5** non ne ho voglia **6** non ce ne sono **7** cosa c'è? **8** che vuoi farci? **9** ci dai un'occhiata? **10** quanti ne abbiamo oggi? **11** non ci credo

15 Future tenses

Simple future

p. 89

1 capirò; guarderai; torneremo; dirà; dovremo;
faranno; andrò; metterai; sentirete; penserà; avrai;
saprò; sarete; vedremo; lasceranno; potrà;
conosceranno; verrà; vorrò; morirò (morrò);
cercherete; darà; vivranno; riusciranno; terrà; risalirà;
rimarrà; comincerò; staremo; piacerò.

2 mangerà; parrà; pagheranno; supplicherò; si laureerà;
mancherà; continuerai; pregherò; cadrò; spiegherete;
toccherà; studieranno; moverò (muoverò); berremo;
stringerò; sceglierai; otterranno; ridurrà; disporrà;
varrà; bacerò; costruiranno; creeremo; soddisfarò
(soddisferò); giudicherà; lancerà; sbrigherete; mi
annoierò; sottolineerò; abbaieranno.

andranno; cadremo; berrò; ridurrà; rimarremo
(resteremo); costruirai; dovrà farlo; mi piacerà; ti
terremo informato; vedrò; me lo tradurrà; saprai farlo; ti
maledirà; staranno bene; lo produrrà; questo li
soddisfarà (soddisferà); sottrarrò; complicherà; verrà;
vorremo votare; vivrà altri vent'anni; lo disfaremo
(disferemo); l'abbraccerò; l'attribuirà; li asciugheranno;
soffocheremo; imporranno; viaggerai; brucerà.

p. 90

1 scriveremo appena arriveremo 2 se troverò (trovo), te la manderò 3 la prossima volta che andrà, starà 4 quando vedrai, saprai che atterreranno 5 se gli dici, non verrà 6 rimarrà (resterà) qui se la lasceranno (lasciano) parlare 7 Appena ci stancheremo, ci riposeremo. 8 Ci vorranno due settimane per riparare l'auto. 9 quando compierai (avrai) ventun anni, faremo 10 Gli studenti che risponderanno a ogni domanda non dovranno fare i compiti.

Future perfect

p. 90

1 non avrà pagato 2 Saranno già arrivati. 3 si sarà addormentata 4 quando avrò finito, le telefonerò. 5 dopo che avremo parlato, verremo a trovarti 6 quando avrò letto, ti dirò 7 appena avranno mangiato, vorranno 8 Finché non l'avremo conosciuta (incontrata), non sapremo com'è (che tipo è). 9 Appena si sarà calmata, le spiegheremo tutto. 10 . . . il vincitore sarà colui che avrà ottenuto il maggior numero di punti.

Use of the future in Italian when not used in English

p. 91

1 saranno arrivate col treno 2 Sarà in biblioteca. 3 Per quanto tempo avrà parlato? 4 Avrai trentacinque anni. 5 Avrà vinto lui non tu (te). 6 avrò torto 7 l'avranno vista 8 Sarà, ma non ci credo. 9 L'avranno aspettata fuori. 10 avrà duecento anni 11 li venderanno 12 Avrà due milioni in banca. 13 be', sapranno loro 14. Ma certo! (come no!) La conoscerà senz'altro. 15 Sarà caduta dalla sedia.

16 The imperative

Transforming from present indicative to imperative

p. 93

1 parla 2 seguite 3 lasci 4 paga 5 faccia 6 rimanete
7 venga 8 prendano 9 abbi 10 smetta 11 sii
12 metta 13 mangia 14 non entriamo 15 non dica

p. 94

1 dia 2 restino 3 non litigare 4 state fermi 5 cerca
6 tenga 7 non uscire 8 cambi 9 andiamo 10 non
tocchi 11 non leggete 12 non bere 13 non ascoltiamo
14 stacca 15 non scelga

The imperative with pronoun objects

p. 94

1 telefonale 2 mettetelo via 3 non guardarle (non le
guardare) 4 me ne compri due 5 diamoglieli 6 glielo
chieda 7 l'assaggino 8 làvateli 9 se le asciughi 10 non
togliertela (non te la togliere)

p. 95

1 non parliamone 2 non le rompa 3 non finirlo (non lo
finire) 4 non bevetela (non la bevete) 5 ce la legga
6 accendigliela 7 ce li diano 8 ubbidiscile
9 distribuiteli 10 non spiegarmela (non me la spiegare)

Monosyllabic imperatives

p. 95

1 da' (dai) (dà) **2** sta' (stai) (sta) **3** di' (dì) **4** fa' (fai) (fa) **5** va' (vai) (va)

1 stagli vicino **2** diglielo **3** fagliela **4** valli a trovare (va' a trovarli) **5** dammela **6** fatti avanti **7** dimmela **8** datti da fare **9** vattene **10** stammi a sentire **11** daccene un po' **12** fammelo **13** tientelo (tienitelo) **14** vientene (vienitene) con me

Translating from English using *tu, voi,* and *Lei*

p. 96

1 leggi, leggete, legga; finisci, finite, finisca; parla, parlate, parli; parti, partite, parta; studia, studiate, studi; non chiudere, non chiudete, non chiuda; abbi, abbiate, abbia; tieni, tenete, tenga il resto; non venire, non venite, non venga; non spingere, non spingete, non spinga; sciogli, sciogliete, sciolga; sii generoso, siate generosi, sia generoso; non piegare, non piegate, non pieghi; non interrompere, non interrompete, non interrompa; lega, legate, leghi il ramo; diglielo, diteglielo, glielo dica; non darglielo (non glielo dare), non dateglielo (non glielo date), non glielo dia.

2 vacci (va' lì), andateci (andate lì), ci vada (vada lì); alzati, alzatevi, si alzi; rimani (resta), rimanete (restate), rimanga (resti); non pulire, non pulite, non pulisca; siediti, sedetevi, si sieda; scrivigli (scrivi loro), scrivetegli (scrivete loro), gli scriva (scriva loro); non spegnere, non spegnete, non spenga; fammi vedere il tuo anello, fatemi vedere il vostro anello, mi faccia vedere il Suo anello; portale, portatele, le porti tante rose; non giocare, non giocate, non giochi; sta' (stai) (sta) fermo, state fermi, stia fermo; prendine, prendetene, ne prenda due; fa' (fai) (fa), fate, faccia attenzione; smettila, smettetela, la smetta; non berlo (non lo bere), non bevetelo (non lo bevete), non lo beva; parlagliene (parlane loro), parlategliene (parlatene loro), gliene parli (ne parli loro); ascoltala, ascoltatela, l'ascolti.

p. 96, lower

1 Vai/andate/vada a cercare Maria, chiedile/chiedetele/le chieda di venire in ufficio, e dille/ditele/ le dica di portarmi le chiavi della macchina.

2 Ecco i quadri: tienili/teneteli/li tenga coperti, poi domani portali/portateli/ li porti dal tuo/vostro/Suo amico. Stai attento/State attenti/Stia attento a non danneggiarli.

3 Smetti/smettete/smetta di tenere il broncio. Di'/ Dite/Dica qualcosa, non stare zitto/non state zitti/non stia zitto sempre . . . Non farmi/Non fatemi/Non mi faccia stare sulle spine. Parla!/Parlate!/Parli! Per favore non nascondere/non nascondete/ non nasconda niente. Spiegami/ Spiegatemi/ Mi spieghi perché Rubina era così arrabbiata.
Aspetta!/Aspettate!/Aspetti! Non andare/ Non andate/Non vada via! Cerca/Cercate/Cerchi di capire. Calmati/Calmatevi/Si calmi, e almeno ascolta/ascoltate/ascolti quello che voglio dirti/dirvi/dirLe.

4 Ecco quello che devi/dovete/deve fare: vai/andate/vada alla fermata dell'autobus, sali/salite/salga su qualsiasi autobus, paga/pagate/paghi quello che devi/dovete/deve, siedi/sedete/sieda in fondo, ma non parlare/non

parlate/non parli con nessuno; quando l'autobus
arriva alla stazione, scendi/scendete/scenda con le
valigie, chiama/chiamate/chiami un facchino e
dagliele/dategliele/gliele dia. Entra/Entrate/Entri
subito nella stazione e io ti/vi/L'aspetterò vicino alle
scale.

Special uses

p. 97

1 rallentare! **2** tenere la destra! **3** voltare a sinistra!
4 non sporgersi! **5** non sostare **6** vedere (a) pagina 150
7 ritagliare e spedire alla RAI-TV **8** in caso di incendio
telefonare al 113 **9** per ulteriori informazioni rivolgersi
alla SIP **10** non ingombrare l'uscita

1 The two children walked on and on until they reached
the castle **2** After a lot of searching we finally found a
plumber . . . **3** try as he would **4** after a while the
conversation got around to **5** when you get down to it
(in short then) **6** The traffic light was still there flashing
on and off, on and off.

17 The imperfect (past descriptive)

Translating English past tenses with the imperfect

p. 99

li distribuivano; annunciavo; viaggiavamo; sognava; lo
spingevi; ogni tanto dormivano lì; li sceglieva; creavamo;
non lo leggevo mai; non esistevano; finivate; ero felice;
avevamo sete; così dicevi; preferiva il tè; lo producevano
mai?; li seguivi spesso?; spariva (scompariva);
cominciavano; venivate ogni volta.

1 quando ero giovane abitavo **2** lo vedevamo
3 guardavo quel programma televisivo **4** Mentre certi
studenti giocavano a calcio, altri ascoltavano la musica.
5 stavo per chiamarti **6** non portava mai . . . non
avevano i soldi per **7** mentre tu parlavi, io facevo
8 Quando facevo il giornalista, fumavo molto. **9** Tutti
sapevano che la strada terminava (finiva) proprio lì.
10 Avevi mal di denti?

p. 100

1 telefonavano per chiedere come stavo (mi sentivo)
2 ci portava a vedere **3** C'era una fontana lì vicino che
di (alla) notte chiudevano. **4** i francesi fabbricavano
5 Era alto e forte e aveva gli occhi celesti. Intorno al
collo portava una sciarpa rossa. **6** La chiesa spiccava tra
gli altri palazzi, e dietro sorgeva la cima del monte . . .

7 parlavano il dialetto . . . pronunciavano ogni sillaba lentamente e sottolineavano certe parole strane che solo loro capivano perfettamente **8** . . . faceva le stessissime cose: si alzava alle otto in punto, faceva gli esercizi . . . si chiudeva in bagno . . . passava dal bar di fronte, dove il barista, appena lo vedeva, gli preparava un caffè corretto. Quando io arrivavo . . . mi salutava con: 'Anche oggi ho dimenticato il portafogli'.

Duration in the past with expressions of time

p. 101

1 abitava . . . da più di sei mesi **2** studiava . . . da solo tre anni quando ha vinto (vinse) **3** ero . . . da solo un paio di giorni quando ho ricevuto (ricevei) **4** Aspettavano l'assegno da molto tempo. **5** faceva il fornaio . . . da prima della guerra **6** non dormivamo da **7** non mangiava da **8** Scriveva poesie da quando aveva dieci anni. **9** filava (usciva) con lei da **10** Da più di un'ora mi sentivo male.

18 The *passato remoto*

p. 102

1 trovai; sentiste; credé (credette); capì; gridammo;
   furono; avemmo; si sedé (sedette); feci; poté; diceste;
   vollero; vide; seppi; andasti; deste; dovesti; venimmo;
   misi; stemmo; prese; conobbero; morì; chiedeste;
   tenne; riuscii; vissero; rispondemmo; scrissero;
   rimase; parve.

2 apristi; piacque; resi; chiuse; corsi; nacquero;
   leggeste; scendemmo; vinceste; tolsi; cadesti; si
   mosse; succedé (succedette) (successe); crescemmo;
   raggiungeste; scelsi; bevemmo; apparvero
   (apparirono) (apparsero); risi; piangemmo; strinsero;
   si rivolse; disposi; accesi; valse; rompesti; ridusse;
   raccolsi; spense; distruggemmo; spinsero.

3 possedeste; maledicesti; tacqui; cogliemmo;
   convenne; soddisfece; ressi; sciogliesti; tradirono;
   cosse; distrasse; risorse; mi immersi; introducesti; si
   afflissero; discuteste; giacquero; espulse; nascosi;
   spandei (spandetti) (spansi); traemmo; riscosse;
   divise; porsi; esplose; rase; appese; rosero; fusero;
   evase; perse (perdé) (perdette).

p. 103

1 giunsi, venne, decisi, arrivai, volli, rimasi, nacque,
   visse, morì, strinse, proseguii, salii, si affacciò,

56

scomparve (scomparse) (scomparì), scavalcai, stetti, fece, mi voltai, vidi, ripeté, chiese, risposi.

p. 104

2 nacque, si fece, cadde, decise, si operò, apparve (apparì) (apparse), comprese, si pose, si confuse, si diede (dette), sentì, si mise, spese, diventò, restituì, si tolse, diventò, si raccolsero, furono, partì, scrisse, volle, ottenne, si decise, riconobbe, vide, ebbe, visse, sentì, chiese, morì.

p. 105

2 chiesero, accettò, si rivolse, accorsero, partirono, giunsero, iniziarono, si unirono, avvenne, fu, vinse, procedé (procedette), attaccò, penetrò, accolse, insorse, costrinse, entrò.

p. 106

1 Il professore ripeté la frase un'altra volta. 2 lessero
3 si ruppe la gamba 4 venne 5 accendemmo
6 spensero 7 cadde a terra 8 bevvi 9 Riusciste tutti a finire? 10 scrivesti, scrisse 11 chiese una sigaretta
12 crebbero 13 pianse 14 Nacque nel Trecento?
15 Assunsero altri dieci impiegati (operai).

p. 107

1 piovve 2 mi accorsi della differenza 3 ti morse?
4 glielo desti, diede (dette) 5 glielo dicesti, disse
6 raccolsero 7 scegliemmo 8 ti rendesti, si rese conto dell'errore 9 diresse 10 vinsero 11 perse (perdé) (perdette) 12 il pazzo l'uccise (l'ammazzò) 13 mi coprii (copersi) gli occhi 14 nessuno lo persuase 15 decideste di tornare a casa?

19 The *trapassato*

The *trapassato prossimo*

p. 109

1 avevamo camminato . . . non avevamo trovato 2 Già un'altra volta avevano comprato della pizza in quella pizzeria, ed era stata buonissima. 3 si era fermata e l'aveva lasciata 4 Da quando Elvira si era trasferita in campagna, si era sentita . . . 5 Avevo perso (perduto) . . . perché si era fatto troppo buio per vedere fuori dal finestrino. 6 aveva appena cominciato 7 ci eravamo appena seduti 8 aveva visto . . . quando era tornata, erano già sparite 9 Cercai di vederlo ma era già partito 10 Lo sciopero era terminato (finito) . . . non erano ancora giunti a un accordo (non si erano ancora messi d'accordo) 11 avevano portato . . . erano andate . . . non si erano divertite perché in quel periodo dell'anno 12 avevano passato (trascorso) . . . erano tornati a casa con un mucchio (una montagna) di diapositive

The *trapassato remoto*

p. 110

1 appena ebbe finito di mangiare, si alzò 2 quando ebbe completato (finito) il compito, lo consegnò 3 dopo che Colombo ebbe scoperto . . . il commercio mondiale subì

58

4 dopo che ebbe baciato . . . cominciò   **5** appena la signora M. ebbe contato tutti i quaderni, capì (si rese conto)   **6** dopo che se ne fu andata in Inghilterra si dimenticò (si scordò) del suo compagno (della sua compagna)   **7** Quando ebbe ricevuto la notizia, venne a trovarmi.   **8** Appena ebbero messo il bagaglio sul treno, telefonarono a Filomena per dirle che arrivavano quella sera.

20 Use of past tenses in the indicative

p. 112

1   ero, succedeva, circondava, stimolava, capivo,
eravamo, fu, conobbi, andava, era, iniziò, eravamo,
ci sentivamo, volevamo, eravamo, continuammo,
decidemmo, andammo, cominciò, lavorava,
organizzava, nacque, rimase, continuai, era, credevo,
cresceva, trovai, scrisse, diceva (disse), sparì.

p. 113

2   c'era, incontravo, sembravano, arrivai, voltai, vidi,
illuminava, era, dovei (dovetti), occorreva, stava,
usciva, si trovavano, parlava, chiesi, rispose, si
affrcttava, accennò, erano, erano, si trovavano, si
incontravano, videro, accolsero, ero, portava,
offrirono (offersero), sapevano, ero, desideravano.

p. 114

è salita, si è fermata, ha aperto, le ha domandato, ha
risposto, ha ripreso, è salita, ha frugato, ha aperto, è
entrata, si è guardata, si è tolta, l'ha buttata, ha pensato,
è entrata, l'ha colpita, si è guardata (guardato), ha
trovato, se lo è passato, ha cominciato, si è levata
(levate), si è vista (veduta), si è tolta, è rimasta, si è
fissata, l'ha assalita, si è lasciata, è trasalita (ha trasalito,
le è venuta, si è voltata, ha sentito, se lo è messo, si è
infilata.

p. 115

1 ha parlato (parlò) al telefono per mezz'ora e poi ha
bussato (bussò) alla porta 2 parlava al telefono
da . . . quando la signora Anselmi ha bussato (bussò) 3 È
(ha) piovuto (piovve) . . . non abbiamo fatto (facemmo)
una passeggiata 4 quando (ogni volta che) non pioveva,
facevamo sempre 5 camminavamo da . . . quando ha
cominciato (cominciò) 6 Quando sono arrivato
(arrivai), tu non avevi nemmeno cominciato a tradurre il
brano. 7 Mentre Francesco leggeva, si sono spente (si
spensero) le luci 8 mentre Paola parlava, gli altri
aspettavano 9 mentre scendeva dall'autobus, è scivolata
(scivolò); 10 è stata Maria a firmare 11 era sempre
Maria che firmava 12 fu allora che Dante andò 13 dato
che molti studenti non capivano (avevano capito) una
parola di quello che diceva, ha letto (lesse) 14 quando è
caduto (cadde) il vecchio, non ero abbastanza vicino per
15 Aveva appena chiuso gli occhi che ha suonato
(suonò) il telefono (appena ebbe chiuso gli occhi
suonò . . .).

21 The conditional

p. 117

porterei; comincerebbero; denunceremmo; correresti;
sceglierebbe; soffrireste; ridurrei; si dedicherebbe;
cadrebbero; faremmo; vedresti; vorrei; terrebbe;
andresti; supplichereste; spiegherebbe; ci moveremmo;
mi annoierei; ti laureeresti; vivrebbero; varrebbe;
lancereste; saprei; verrebbe; rimarrebbe; soddisfaremmo
(soddisferemmo).

mi trasferirei; avrebbero rischiato; mi ubbidirebbe;
l'avresti negato; si sarebbe spogliato; si sarebbe tolta
(tolto) il cappotto (tolta la giacca); distribuirei;
imporrebbero; non starebbe fermo; sparirebbe
(svanirebbe) (scomparirebbe) in un lampo; l'avrei odiato;
avrebbe pulito; ti ci saresti abituato; ringrazieremmo tutti;
brucerebbe; sarebbe arrivata; sarebbe scoppiato; sareste
caduti tutti e due; gli chiederei di andare; lo cercheresti?;
non avremmo risposto.

p. 118

1 Sono sicuro che verrebbe **2** Sei sicuro che te li avrebbe
venduti? **3** Avresti fatto tu quello che ha fatto lui?
4 avremmo invitato **5** se tu avresti mangiato quella
roba **6** vorresti **7** perché non dovrebbe andarci
8 potrebbero venire **9** come potrei sapere` **10** avrei
potuto comprarteli (te li avrei potuti comprare)
11 Dovrebbe essere nel cassetto **12** non sarebbe rimasta

(restata) lì **13** Che ne diresti di una partita a carte?
14 Come sarebbe a dire che (i conti) sono tutti sbagliati?

1 secondo i giornali gli americani avrebbero lanciato
2 Gli evasi avrebbero portato con sé (si sarebbero portati dietro) uno degli ostaggi. **3** secondo la polizia i fascisti avrebbero messo una bomba **4** la maggior parte degli italiani vorrebbe (vorrebbero) un cambiamento del governo **5** i radicali avrebbero scritto una lettera di protesta **6** Nella borsa trovata stamani davanti alla casa del ministro della difesa, ci sarebbero stati dei documenti . . . i terroristi avrebbero anche scritto . . . Quando il giornalista gli ha telefonato, il ministro avrebbe (si sarebbe) rifiutato di discutere la faccenda.

The apparent conditional

p. 119

1 quando vivevo, andavo **2** da quanto tempo non vedi, saranno circa cinque anni **3** avrà circa quarant'anni
4 Gliel'ho chiesto, ma non ha voluto aiutarmi a pulirli, così ho dovuto farlo da me (da solo). **5** ma l'asino non ha voluto (non volle) muoversi **6** la macchina non partiva **7** nonostante quello che gli avevo detto, ha voluto giocare **8** magari piovesse

22 Transferring tenses to the past (concordanza)

p. 121

1 non ricordavo più dove avevo messo 2 sapevo che tu
mi avresti dato 3 mi assicurò che i suoi sarebbero stati
4 promisi che non li avrei portati 5 sarebbe sorto
6 sarebbero partiti 7 era impossibile . . . avrebbero
partecipato 8 ero sicuro . . . aveva preso
9 pensavo (pensai) . . . sarebbe venuta 10 disse
(diceva) . . . non si divertiva mai quando usciva 11 Non
ricordavo più perché ero entrato né cosa avrei dovuto
comprare. 12 Erano . . . ci piacevano e in cui avremmo
voluto vivere.

p. 122

1 ero convinto che tu saresti diventato 2 speravo . . . non
si sarebbe stancata 3 erano . . . avrebbero sopportato
4 disse (diceva) . . . riuscivano . . . c'era
5 sapevamo . . . non si sarebbe alzata 6 credevo . . . non
ti sarebbe dispiaciuta 7 temevo . . . mi avrebbero
messo 8 era . . . non avrei mai fatto 9 sarebbe
stata . . . mi tranquillizzava (tranquillizzò)
10 avrebbe dovuto . . . sarebbe risultato 11 non avrei
portato . . . sarebbe rimasto . . . mi avrebbe
aspettato chi sa quanto perché era escluso che sarei
tornato 12 era . . . si sarebbe accorta . . .
mancava . . . aveva usato 13 aveva annunciato . . .
sarebbero stati cancellati

1　**a** sono sicuro che parla l'italiano　**b** ero sicuro che parlava l'italiano　**c** sono sicuro che ha parlato (parlò) (in) italiano con la commessa

2　**a** so che verranno　**b** so che sono venuti (vennero)　**c** so che verrebbero　**d** sapevo che sarebbero venuti　**e** sapevo che erano venuti

3　**a** è chiaro che non l'aiutano　**b** è chiaro che non l'aiuterebbero　**c** era chiaro che non l'avrebbero aiutata　**d** era chiaro che non l'aiutavano mai　**e** era chiaro che non l'avevano aiutata

4　**a** tutti sanno che mangio　**b** tutti sanno che mangerò　**c** tutti sapevano che avrei mangiato　**d** tutti avevano saputo che avrei mangiato

5　**a** credo che porterà　**b** credevo che avrebbe portato　**c** avevo creduto che avrebbe portato

6　**a** dice che si iscriverà　**b** disse che si sarebbe iscritta ... l'anno seguente　**c** disse che si era già iscritta

7　**a** so che fila (esce) con Serafina da　**b** sapevo che filava (usciva) ... da　**c** so che ha filato (filò) (è uscito) (uscì) ... per　**d** sapevo che aveva filato (era uscito) ... per

8　**a** ammette che si sente molto imbarazzata ogni volta che deve　**b** ammise (ha ammesso) che si sentiva ... quando doveva　**c** ammette che si sentirà ... quando dovrà　**d** ammise che si sarebbe sentita (ha ammesso che si sentirebbe) ... in tali circostanze

23 Verbs to be translated with particular care

'To know'

p. 125

1 So che sono molto occupati. **2** non mi conosce
3 conosciamo **4** non sanno (conoscono) **5** Nessuno di
noi sa nuotare. Sai nuotare tu? **6** non ne sapevano
nulla **7** conosco (so di) tre strade **8** non conosco **9** Ma
guarda un po'! **10** Non lo sai che non si gioca con il
fuoco?

Having something done

p. 125

1 Faccio lucidare i pavimenti. **2** Facciamo lavare le
tende. **3** perché lo fai lavorare **4** Falli (fateli) (li faccia)
scendere dalla tavola! **5** fammi (fatemi) (mi faccia)
scendere da **6** Fallo (fatelo) (lo faccia) (lascialo)
(lasciatelo) (lo lasci) entrare! **7** Fa' (fate) (faccia)
(lascia) (lasciate) (lasci) uscire il gatto! **8** Lasciala
(lasciatela) (la lasci) stare! **9** Falle (fatele) (le faccia)
vedere il disegno! **10** fagli (fategli) (gli faccia) sapere

p. 126

1 mi faccio tagliare i capelli **2** non si è fatta capire **3** fa'
(fate) (faccia) (lascia) (lasciate) (lasci) correre l'acqua
4 non farmi (non fatemi) (non mi faccia) ridere **5** falli
(fateli) (li faccia) venire **6** devi farlo (lasciarlo) bollire

7 le faccio scrivere la lettera **8** non fargli (non fategli) (non gli faccia) (non lasciargli) (non lasciategli) (non gli lasci) guidare la macchina **9** abbiamo fatto riparare il televisore **10** gli ho fatto togliere il pullover

1 hanno fatto fare il lavoro da (a) un'altra ditta **2** glielo (gliela) farò copiare **3** dovremo farglielo capire (farlo capire loro) in qualche modo **4** me li sono fatti mandare **5** glieli ha fatti imparare tutti **6** abbiamo fatto avvisare i genitori da Maria **7** perché non fai ascoltare il disco agli studenti? **8** hanno fatto pagare a Salvatore diecimila lire **9** te li farò portare da lui **10** me li ha fatti leggere a lui (se li è fatti leggere da me)

p. 127

1 chi ha fatto (lasciato) cadere **2** non si è fatto pregare **3** vuoi far galoppare i cavalli **4** fammi (fatemi) (mi faccia) vedere **5** la corda mi ha fatto inciampare **6** a far volare il mio aquilone **7** hanno fatto (fecero) esplodere **8** i partigiani fecero saltare **9** fa' (fate) (faccia) venire sua figlia **10** hanno fatto (fecero) rimbalzare la palla contro il muro **11** il sergente ha fatto (fece) marciare **12** vogliono far scoppiare i palloncini **13** quanto ti hanno fatto pagare?

'Growing', 'looking', 'walking', etc.

Sentences containing the verb 'to grow'

p. 127

1 cresce **2** sono cresciuti **3** coltivano **4** si fa crescere la barba **5** diventava sempre più pallida (impallidiva sempre più) mentre le dicevo **6** sta diventando grande davvero **7** per l'amor del cielo, non fare il bambino (comportati da persona adulta) **8** è già diventato troppo grande per quei pantaloni (ad Antonello non stanno più quei pantaloni) **9** quando le persone diventano vecchie (invecchiano) **10** dapprima i colori in questa stanza ti

daranno fastidio, ma dopo un po' troverai che ti
cominceranno a piacere

Sentences containing the verb 'to look'

p. 128

1 perché non guardi la lavagna   2 se stai cercando una
tavola calda ce n'è una all'angolo   3 l'Italia conta sulla
Francia per l'aiuto (conta sull'appoggio della Francia)
4 vieni a trovarmi uno di questi giorni   5 hai cercato la
parola   6 di solito rispetta (ammira) il fratello maggiore
7 non dimostri cinquant'anni. Sembri molto più giovane
8 riguardati (abbiti cura)   9 assisto la nonna da   10 le
sta molto bene

1 sembra molto ammalato   2 aspettiamo con ansia la
nostra vacanza (non vediamo l'ora di andare in
vacanza)   3 non assomigli affatto a   4 sembra che voglia
piovere   5 guarda fuori dalla finestra   6 sta' attento ai
sassi·   7 che dà (guarda) sulla spiaggia   8 non credevo
(ritenevo) sbagliato quello che avevo fatto   9 ho
sfogliato tutti questi giornali   10 la polizia indagherà
sulla faccenda

'Walking' and other forms of movement

p. 129

1 non avete camminato   2 dato che aveva perso
l'autobus decise di tornare (andare) a casa a piedi
3 entrò (è entrato) in classe (nella stanza)   4 mentre
ritornava (a piedi) alla macchina   5 ti accompagnerò alla
fermata   6 ha abbandonato (piantato)   7 gli operai (i
dipendenti) se ne andarono dalla riunione in segno di
protesta   8 lui camminando mi ha quasi urtato (mi è
quasi venuto addosso)   9 entrò in scena   10 il vecchietto
mise la borsa per terra, poi si allontanò (se ne andò) a
piedi   11 rubarono (portarono via) due collane d'oro
12 è più facile scendere che salire la collina

1 oggi sono andato a scuola in bicicletta   2 vai all'università in macchina?   3 mentre uscivano dal garage in macchina   4 uscirono (sono usciti) in fretta dall'aula   5 raccolse (ha raccolto) il cappello e si allontanò (si è allontanato) in fretta   6 si precipitò (si è precipitata) (corse) (è corsa) da sua sorella   7 si precipitò (corse) dal farmacista (in farmacia) . . . tornò di corsa a casa   8 entrarono nella sala marciando   9 il ferito riuscì ad attraversare la strada saltellando (a saltelloni)   10 mi avvicinai furtivamente (alla chetichella) (di soppiatto) a lui (lo avvicinai . . .) e gli diedi   11 passò (è passata) come un lampo   12 passarono al galoppo

p. 130

1 va carponi (gattoni) (cammina a quattro zampe)   2 i camion attraversarono (attraversavano) lentamente (a passo d'uomo) la città   3 uscì furtivamente (alla chetichella) dalla stanza   4 tutti lo videro uscire barcollando dal bar   5 uscì in punta di piedi   6 scivolò (è scivolata) mentre scendeva zoppicando le scale   7 risalire a nuoto questo fiume   8 raggiungemmo la baracca attraversando di corsa il parco   9 i bambini ridevano mentre il pagliaccio camminava dondolandosi (ondeggiando) lungo la strada   10 si richiuse di scatto (improvvisamente)   11 volò (è volato) nel giardino

24 The modal verbs

Using *dovere, potere*, and *volere* to translate obligation, ability, possibility, and desire

Using *dovere*

p. 133

1 devo leggere 2 dovremo dirgli 3 dovresti spiegarle le regole 4 avrebbero dovuto (dovevano) telefonarmi 5 dovevo consegnare questa traduzione per le cinque 6 ho dovuto aiutare . . . ecco perché mi sono addormentato 7 dové (dovette) andare 8 era dovuta (aveva dovuto) andare 9 devi partire 10 deve aver ricevuto 11 non doveva attraversare la strada da sola 12 il generale disse che il nemico doveva aver attaccato 13 doveva essere andato a Padova

p. 134

1 ho dovuto fare la spesa 2 dovresti parlargli dei soldi che ti deve 3 non sarei dovuto (non avrei dovuto) (non dovevo) venire 4 tutti devono scrivere un riassunto 5 dovevamo giocare a carte 6 dovevano essere spediti 7 che doveva gradualmente farlo impazzire 8 sapeva che doveva (avrebbe dovuto) aiutare . . . ma come poteva (farlo) 9 che durante la guerra dovettero nascondersi, trovarono rifugio 10 l'omicidio dovrebbe essere stato compiuto 11 tutti volevano arrampicarsi sugli alberi per

mangiare le ciliegie, ma i vecchi e i grassi hanno dovuto
accontentarsi (si sono dovuti accontentare) della frutta
che cadeva ai loro piedi **12** così come (proprio come)
dovevano essere quando vi abitò il poeta

Using *potere*

p. 134

1 non possiamo **2** potrò finire **3** potresti aiutarmi a fare
i compiti? **4** non avrebbero mai potuto fare **5** potevo
andare **6** abbiamo potuto comprare due belle borsette
7 poté conquistare . . . grazie all'appoggio della
borghesia italiana **8** non aveva potuto evitare
9 potrebbe aver scritto **10** potrebbe darti una mano
11 ho potuto leggere tre romanzi

p. 135

1 posso usare **2** potrebbe essere Luca **3** ci potrebbe
essere **4** siamo stati fortunati . . . poteva (sarebbe
potuto) (avrebbe potuto) caderci addosso **5** non sono
potuto (non ho potuto) venire **6** puoi cercare
dappertutto **7** mio padre diceva sempre che potevo
prendere la sua macchina. Ma non potevo mai usarla
quando volevo uscire **8** avresti potuto (potevi) almeno
chiedermelo **9** non ho potuto (non potei) fare a meno di
ridere **10** dato che tutti gli insegnanti erano assenti ieri, i
bambini sono potuti (hanno potuto) tornare a casa
11 credevo che avremmo potuto (potevamo) prendere
più libri di questi

Using *volere*

p. 135

1 vuoi andare **2** l'avvocato vorrà **3** vorresti comprare
una statuetta di vetro? **4** sarei voluto (avrei voluto)
restare a vedere **5** volevamo visitare **6** ha voluto
comprare **7** nell'ottobre . . . volle invadere l'Etiopia
e dopo una guerra che durò . . . l'Italia ebbe una

nuova colonia **8** avevano tutti voluto dormire **9** vuoi
(vorresti) un'altra fetta **10** vorresti mettere
11 è uscita (uscì) dal negozio . . . quando non hanno
voluto (non vollero) restituirle i soldi **12** Vuoi stare
zitto? **13** Marcello non avrebbe voluto bere la
medicina **14** vorrebbe controllare le gomme
15 Ho voluto telefonare ad Alicia stamattina per
chiederle come stava . . .

The non-translation of 'can' and 'could'

p. 136

1 Senti le campane? **2** vedevo **3** sentiva il chiodo
4 Appena sono entrato nella stanza ho sentito odore di
gas. **5** Non trovo (non riesco a trovare) i miei occhiali.
6 non capisco (non riesco a capire) **7** Non ricorda
nemmeno il suo (il proprio) nome. **8** Sentivo il sapore
dell'aglio negli spinaci.

25 *Piacere,* 'like' and 'love'

Translating 'like' with *piacere*

p. 139

1 Le piacciono quei colori. 2 Non ci piace quel vestito
rosso. 3 A Vera e a Silvana è piaciuto il film? 4 Le
piacerò? 5 mi sono piaciute le barzellette 6 Ti
piacerebbe guidare un'Alfa Romeo? 7 Ai tuoi amici non
sarebbe piaciuta quella storia. 8 Quale linea aerea
(aerolinea) gli piace di più? 9 ai Romani piacque il
discorso che Cicerone fece (pronunciò) 10 A Leopardi
non piaceva Recanati né la gente che vi abitava. 11 Tu
piaci a loro ma loro non piacciono a te.

1 Alle ragazze non piacciamo affatto. 2 io piaccio a
tutti 3 Ad Anna sarebbero piaciuti quei biscotti. 4 tu
piaceresti ai (miei) nonni 5 Voi due piacete ad Alfio.
6 a sua moglie erano piaciuti molto i cioccolatini
7 Davvero al nostro professore non piace la musica
pop? 8 A nessuno di noi piacevano quelle lezioni.
9 non gli piacerà viaggiare in aereo 10 A Vittoria non è
piaciuta Roma . . . ma le sono piaciute sia Firenze sia
(che) Venezia. 11 Se tu piaci a mia madre e lei piace a
te, perché non la fai venire qui? – Perché a lei non
piacerebbe questa casa e a Chiara non piacerebbe tua
madre.

Other ways of translating 'like' and 'love'

p. 140

1 vorrebbe (desidera) (gradisce) 2 preferisci (gradisci di più) 3 amo le cose 4 mi sono simpatici tutti 5 va matta per (ama moltissimo) le fragole 6 non vedi che . . . si vogliono bene (si amano) 7 come vuoi (desideri) (preferisci) 8 mi è simpatico (vado matto per) quell'attore 9 vuole molto bene a (ama molto) sua nonna 10 quello che vuoi (desideri) (preferisci)

26 Some idiomatic expressions containing common verbs

Andare

p. 141

1 dragged on too long because everyone wanted to have his say **2** as happy as a king . . . he lost his temper **3** I don't like the idea at all **4** two excellent deals fell through (came to nothing) **5** has skyrocketed **6** will soon go up in smoke **7** I don't like this coming and going **8** most of it has gone bad **9** will never get on well together (will never see eye to eye) . . . one is a neofascist (a member of the MSI party) while the other is a radical (a member of the Radical Party) **10** after spinning around completely ended up in a ravine **11** on channel one (on TV network one) the news is broadcast (televised) **12** it goes without saying that to have got to such a high position

p. 142

1 went into ecstasies **2** come off it **3** my father's business is booming (is going really well) **4** fit me to a 't' (like a glove) **5** everything went smoothly for Paolo (Paolo got away with it) **6** Italy was going to rack and ruin (to the dogs) **7** went down the wrong way **8** When is your uncle retiring? **9** . . . we have to drop by police headquarters for our residence permit: does Thursday suit you? **10** would sell like hot cakes **11** when the oil-tanker went down (sank) **12** during

negotiations with the 'kidnapping corporation' the
relatives and the police had to proceed very cautiously

Prendere

p. 143

1 he has a crush on Daniela **2** the contestant made a
blunder **3** is pulling a fast one on everyone (is taking
everyone for a ride) **4** as he took his leave (as he said
farewell) **5** caught the burglars (bank-robbers)
red-handed **6** the maths teacher, an utter madman, got
angry with me (picked on me) **7** got a terrible fright
8 while the plane is gaining height **9** what's the matter
with you (what's got into you)? **10** . . . you're always
getting the wrong end of the stick.

1 we have rented **2** a petrol-tanker (a tank truck) caught
fire **3** Giancarlo took offence **4** The lawyer has taken
note of the new fair rent regulations and he will act on
the matter. **5** she seized the opportunity to ask him for
a rise **6** is starting to catch on **7** you do nothing but
sunbathe **8** can slip up (make a mistake) **9** Why do you
attach such little importance to Dante? **10** he's so stingy
(such a skinflint) that he has got himself a job as an
usher at the Odeon and kills two birds with one stone

Dare

p. 144

1 if you don't want to attract attention **2** what film are
they showing **3** you won't put it over me this
time . . . today you played truant (hooky) **4** it annoys
everyone **5** will welcome the Polish trade-unionists
6 gets on my nerves **7** listen to me **8** I think you're
talking a lot of nonsense (going off your head) **9** they're
giving the starting signal for the first stage (leg) **10** if

you let him talk (give him free rein) **11** your appointment as manager is taken for granted **12** the boss gave him the sack **13** worse still, you'll cut your own throat **14** who's to blame?

p. 145

1 I don't want to give in to you **2** gave rise (led) to numerous episodes **3** my father is against me **4** you took to your heels **5** It may be that flying saucers exist **6** has had to hand in his resignation **7** he'll really think he's a big-shot (he'll give himself airs) **8** The world's most famous actors gather together **9** we'll call upon the treasurer to speak **10** so do your very best, work hard at it **11** you have to get busy **12** which overlooks (faces) the lake **13** they called her a fascist

Fare

p. 146

1 you pretend you're a Juventus supporter **2** there's always a policeman ready to give you a fine **3** I'll look silly (I'll make a bad showing) **4** he peeped out **5** I had a dream last night . . . she was there by the fireside knitting **6** don't be silly . . . go and fill up the tank. I can buy the ticket **7** How will I manage to get a pass in Italian? . . . Don't be funny (facetious)! **8** give me some light **9** talking about this and that we stayed up till three **10** plays the martyr **11** Mario doesn't give a damn . . . he never pays attention and when he has to answer he pretends he doesn't understand. **12** If you're not used to long bike-rides, after a while your legs start trembling. **13** The play was a hit . . . it was a flop. **14** but we'll be discriminating in our judgment (we won't lump everyone together)

p. 147

1 my father makes a big fuss **2** Giorgio commuted . . . Some lessons (lectures) didn't interest him at all (left him cold) but he knew he at least had to put in an appearance. **3** burst into the post-office where I was queueing . . . I was terrified they wanted to bump someone off . . . they didn't have time to get it
4 I'm used to it (experienced at it) **5** was very shaky indeed (was not at all ship-shape) **6** instead of teaching . . . engage in (talk) politics **7** for more than a year Bruna hasn't been heard from **8** Gerardo, who is in second year at the Parini high school specialising in science, wants to be an engineer. **9** I take my hat off to Mara . . . I wouldn't like to be in her shoes. **10** I can't help admiring . . . that seascape there is just right for us . . . it doesn't matter, it only requires getting used to. **11** Do you want us to have the Italian class . . . do what you like, anything at all is useful (it's all grist to the mill). **12** in the twinkling of an eye they made a clean sweep of everything **13** flirted with everyone **14** If you want something done, do it yourself.

27 Prepositions in English and Italian

'To'

p. 149

1 andarono in Italia **2** vado dal macellaio **3** Non abbiamo niente da fare. **4** Questo non ha niente (a) che fare con quello che ho detto. **5** i piatti da lavare **6** con nostra grande sorpresa **7** con mio grande dispiacere **8** Non essere crudele con gli animali! **9** di mio gusto **10** gentile con tutti **11** il treno per Napoli **12** in centro (città)

1 in chiesa **2** come un padre per me **3** abbiamo l'intera stanza per noi **4** conta fino a dieci **5** fino a oggi (a tutt'oggi) **6** due contro uno **7** Questo non è niente in confronto a quello che ho fatto io! **8** Qualcuno dovrebbe metterla in musica. **9** gliel'ho detto in faccia **10** un biglietto per l'aeroporto **11** 'alla salute degli sposi' **12** hai solo da premere sull'acceleratore, non occorre altro

'In'

p. 150

1 a Palermo **2** coperti di fango **3** si interessa di elettronica **4** il palazzo più alto di Milano **5** parteciparono al (presero parte al) dibattito **6** solo uno su tre riuscì a finire **7** a mio parere (secondo me)

8 Torneremo fra dieci minuti. **9** È a letto. **10** sono ancora all'oscuro **11** Facciamo sempre una passeggiata alla sera (di sera). **12** domani mattina **13** sordo da un orecchio e cieco da un occhio **14** l'ultima novità in fatto di televisori a colori

p. 151
1 erano vestite di nero **2** che è al potere **3** L'Iran è un paese ricco di petrolio. **4** all'aperto . . . sotto il sole (al sole) . . . all'ombra **5** con questo caldo . . . ad alta voce **6** sotto la pioggia **7** Mi iscriverò a Scienze Politiche. **8** al suo posto **9** dipingere all'acquerello **10** le minigonne sono di moda **11** Scrivi il numero in lettere. – Scriverò a matita? **12** Tutti devono rispondere per iscritto. **13** Ti occorre un tubo della lunghezza di tre metri (lungo tre metri). **14** Smetti di parlare per enigmi!

'By'

p. 151
1 in (coll') autobus . . . in (coll') aereo **2** per posta **3** di giorno . . . di notte **4** secondo il mio orologio sono le **5** A nessuno piace questo libro di Rodari. **6** al mare **7** mi passò (è passata) accanto (vicino) **8** per telefono **9** da parte degli studenti **10** se per te va bene **11** La tenevo per il braccio mentre scendevamo le scale.

p. 152
1 a mano o a macchina **2** di vista . . . di nome **3** è di sei metri per sei metri **4** a ore **5** Sarò di ritorno per (entro) il 15. **6** domani a quest'ora **7** a proposito . . . ormai **8** a centinaia **9** giocare secondo le regole (attenerti alle regole) **10** il caffè al chilo **11** Tutti dovete imparare le frasi a memoria. **12** Alla luce della lampada a petrolio . . . le gettò una alla volta (una per una) nel fuoco.

'With' and within'

p. 152

1 La montagna era coperta di neve. **2** Riempi la bottiglia di acqua! **3** si è innamorato di lei **4** tremavano dal (di) freddo **5** Sei soddisfatto (contento) dello sforzo che hai fatto? **6** senza scarpe **7** 'cosa hai?' . . . il viso di Paola era bagnato di lacrime **8** fornirono gli uomini di fucili (fornirono fucili agli uomini) **9** lasci la lettera alla segretaria, te la scriverà **10** Ho voglia di (vorrei) bere un po' di acqua. **11** Le cipolle non mi si confanno (mi rimangono sullo stomaco). **12** 'abbasso i padroni'

p. 153

1 a braccia aperte **2** ad occhi chiusi **3** se per te è lo stesso mi occuperò io del problema **4** tratta dell'Italia **5** è difficile sopportarti . . . trovi da ridire su tutto **6** entro un'ora **7** a (distanza di) due settimane dal suo arrivo **8** a portata di mano **9** a portata di voce **10** a meno di (a non più di) due chilometri dalla spiaggia **11** la legge permette il porto d'armi (è consentito dalla legge portare un'arma da fuoco)? **12** Come riesci a vivere nei limiti del tuo reddito?

'About', 'of', 'out of', and 'because of'

p. 153

1 Parliamo di qualcos'altro. **2** Hai saputo dell'incidente? **3** ha circa diciott'anni **4** Che ne dici di una partita a tennis? **5** Tania non si è fatta male, ma Luca? (ma cosa è successo a Luca?) **6** qualcosa di strano in lui **7** era proprio ora! **8** più o meno qui (qui vicino) **9** viaggiarono per l'Italia **10** un libro sugli animali **11** guarda (dai un'occhiata) in giro

p. 154

1 non hai mai sentito parlare di **2** è stato gentile da

parte della signora **3** A che cosa stai pensando? **4** Se la
torta è così squisita, perché non la mangi tutta? **5** non
approvo quello che fai **6** quel suo ragazzo (fidanzato)
7 si guardò (guardava) bene dal dirci **8** Attenti al cane!
9 (In) quanti siete?—Siamo (in) otto **10** Sognano
sempre una casa in campagna **11** proprio lui, fra tutti, ti
ha preso in giro

1 su tredici bambini **2** Non puoi bere da quel bicchiere.
3 cercò di avere da lui altre informazioni (di farlo
cantare) **4** era senza fiato **5** non sporgerti dal treno
6 per curiosità **7** sono senza soldi e senza lavoro
8 stonata **9** è esaurito **10** per via della (a causa della)
pioggia **11** per causa mia

'On'

p. 155

1 col treno delle 19.30 . . . era in orario **2** alla (in)
televisione . . . alla radio **3** tutto dipende da **4** nell'isola
il 28 febbraio **5** è (parla) al telefono da **6** la (di) (alla)
domenica **7** Dove andrai domenica (prossima)? **8** il
quadro era appeso al muro **9** a piedi o a cavallo
10 sono nel (fanno parte del) comitato **11** è a pagina 35
12 era in fiamme **13** per affari . . . in vacanza

1 vanno matti per i viaggi (il viaggiare): sono appena
partiti per un altro lungo viaggio **2** non devi sederti per
terra . . . in piedi altri cinque minuti **3** vivere con quei
soldi **4** in nessun caso (per nessun motivo) . . . non è a
bordo **5** funziona a metano . . . la ho (ce l'ho) in
prestito **6** al primo piano . . . dall'altra parte della
strada **7** in media **8** mettiti in ginocchio e di' che non
l'hai fatto apposta **9** al suo arrivo gli dissero
che avrebbero sferrato un attacco contro il nemico
10 Non bere la birra a stomaco vuoto. **11** dietro

(previo) pagamento   **12** a nome di noi tutti   **13** sono a dieta (sto facendo la dieta)

'At'

p. 156

1 Perché tutti stavano in fondo al corridoio?   **2** La gente rideva di lui (lo derideva).   **3** in guerra   **4** da mio cugino   **5** da quanti anni frequenti   **6** sei rimasto sorpreso di (ti sei stupito di)   **7** urlare a squarciagola   **8** i due cantanti erano nel pieno della loro carriera   **9** tutti bravi in italiano   **10** in cima alle scale   **11** sono attualmente iscritti a quest'università

'For'

p. 156

1 pianse (ha pianto) di gioia   **2** Perché non chiedi le chiavi?   **3** buono a nulla   **4** aspettare Antonia . . . cercare la (sua) borsa   **5** sono qui da mezz'ora soltanto   **6** chiedi del sig. Suriani   **7** quanto hai pagato quelle scarpe?   **8** se qualcosa succede, grida aiuto   **9** la frutta ti fa bene   **10** a che serve quella corda?   **11** sono quasi le dieci (manca poco alle dieci)   **12** vengo (passerò) a prenderti   **13** mi piace fare una passeggiata   **14** spetta (tocca) a loro decidere   **15** l'hanno fatto senatore a vita

'From'

p. 157

1 non nasconderle la verità   **2** per esperienza   **3** mi ha rubato il portafogli   **4** morirono (sono morti) di fame   **5** Le cose vanno di male in peggio.   **6** ti prendono la valigia   **7** Molta gente soffrì (soffriva) di mal di testa per via (a causa) del rumore.   **8** a parte alcuni errori   **9** Io

sono di Milano: Lei di dov'è? **10** a partire dal prossimo
lunedì **11** un messaggio del presidente (da parte del
presidente) **12** di giorno in giorno

'Through'

p. 157

1 per (durante) tutta la lezione **2** per posta **3** spese
(scialacquò) **4** Come (ce la) farò a stare tre ore (come
potrò arrivare alla fine di queste tre ore) senza una
sigaretta? **5** stanno facendo il giro della Francia e
dell'Italia **6** In molti uffici statali, gli emigrati che non
conoscono l'inglese hanno la possibilità di parlare per
mezzo di (tramite) un interprete. **7** passa per la finestra
8 perché grazie a lui ho ottenuto il posto **9** rivediamo
attentamente l'intero elenco **10** faccio mandare i soldi
tramite la banca **11** non riesco a mettermi in contatto
(telefonico) con l'ambulatorio **12** controllarono
minuziosamente tutto il nostro bagaglio **13** l'altra Fiat è
passata col (semaforo) rosso

'As' and 'like'

p. 158

1 Chi ci farà da guida? **2** nessuno lo vuole per (come)
amico **3** Come giocatore di calcio (calciatore) Patrizio
non varrà mai niente. **4** di solito (di regola) **5** Tutti lo
consideravano un genio. **6** da bambino **7** come un
bambino **8** Quella pietra sembra un diamante. **9** Non è
tipico di te (non è da te) dire cose del genere.
10 (as)somiglia moltissimo a te **11** Hai voglia di un
(po'di) caffè?

Prepositions used in Italian but not in English

p. 159

1 Non c'è niente di interessante da fare. 2 qualcosa di strano 3 ventitré milioni d'italiani 4 è aumentato del quindici per cento 5 a due chilometri da qui 6 Ricordati di fare del tuo meglio! 7 discutono di politica 8 appena è entrata nella stanza si è accorta dei fiori 9 Perché ti arrampichi sull'albero? 10 Chi vuole farlo per primo? 11 dalla vita in su 12 tu avresti speso di più 13 Abitano a circa cento metri da casa nostra.

The Italian prepositions *da* and *a*

p. 159

uno spazzolino da denti; una sala da pranzo; un mulino a vento; un francobollo da 500 lire; una sedia a sdraio; vino da pasto (da tavola); un ferro da stiro; un televisore a colori; una macchina a vapore; una penna a sfera; un cavallo da corsa; una camera da letto; occhiali da sole; un quaderno a righe; una barca da pesca; una nave da guerra; una barca a vela; carte da gioco; una cravatta a farfalla.

un costume da bagno; un vestito alla marinara; una sedia a dondolo; un fucile a canna mozza; un fucile ad aria compressa; un cane da guardia; una sala da ballo; una cucina a gas; una pentola a pressione; carta da lettere; il prezzo al minuto (al dettaglio); una matita da disegno; un orologio da polso; una scala a chiocciola; carta da parati; lenti a contatto; una gonna a pieghe; una bestia da soma; il conto (conteggio) alla rovescia.

p. 160

1 at breakneck speed   **2** we're at the (tail-) end of it
3 We continued on at walking pace (dead slow).   **4** a
very affable (easy-going) person   **5** at a rough guess   **6** is
coming along fine   **7** there's a factory upstream
8 stretched as far as the eye could see   **9** Many
customers, though they've got stacks of money (money
to burn), always pay bit by bit (a little at a time).

28 Verbs with or without a preposition before a dependent infinitive

p. 161
1 di 2 a 3 a 4 – 5 – 6 di 7 di 8 a 9 di 10 di 11 –
12 a 13 – 14 a 15 di 16 di 17 a 18 a (per) 19 –
20 di

p. 162, upper
1 – 2 di 3 di 4 di 5 a 6 ad 7 a 8 – 9 a 10 a
11 di 12 – 13 di 14 di 15 a 16 di 17 di 18 di
19 di 20 –

p. 162, lower
1 a 2 – 3 a 4 di 5 – 6 di 7 a 8 di 9 a 10 di
11 a 12 di 13 – 14 di 15 a 16 a 17 di 18 a 19 a
20 a (per)

29 Direct and indirect objects in English and Italian

p. 164

1 Vogliamo ascoltare la musica. **2** Hai risposto a tutte le domande? **3** Te lo pago (pagherò) adesso **4** l'uomo che ha sparato (sparò) al papa **5** le mancano molto **6** devo telefonare a Flavia **7** Non gli hanno insegnato niente? **8** non credo mai a Pasquale **9** potresti (im)prestarle **10** Nessuno ha saputo resistere alla tentazione di assaggiare la torta.

1 giochiamo (giocheremo) a carte **2** Non le hanno permesso (permisero) di comprargli l'orologio. **3** Non puoi fare la stessa domanda a Bruno? **4** Tutti devono guardare la lavagna. **5** Hai detto a tuo fratello che hai dato la bici a Carlo? **6** ha rifiutato (rifiutò) di ubbidirgli **7** Chi può impedirle di rispondere? **8** non gli sfugge mai niente **9** gli ordinò (ordinò loro) di scendere dalla macchina e di mostrargli (fargli vedere) **10** Solo due persone sopravvissero (sono sopravvissute) all'incidente aereo.

30 Anglicisms in Italian

p. 166

1 Lia has taken up jogging **2** If you showed off your dinner jacket, your top-brand tie (tie by a top designer), or your gold cigarette-lighter, they labelled you as a reactionary or a social-climber. **3** you must always throw the butts into the toilet **4** a good political thriller **5** with a bit of sticky (adhesive) tape **6** Thank goodness we have a (lock-up) garage under the house. **7** Donato was (used to work as) a lift-boy **8** the water supply was cut off for another nine hours **9** the (TV) announcer said that the president had been wounded in an attack on his life **10** a night-club is a necessary stage in his career, which he must go through to gain experience and to develop a rapport with people **11** basketball championship.

p. 167

1 the one who finds the first joker **2** everyone turned up in morning dress **3** The winner of the beauty contest works as an air hostess in her spare time. **4** see the match between the two local teams Juventus and Torino **5** she thought of the dance halls all lit up **6** the big names (the top people) in the singing world have decided **7** came first in the four-man bob-sleigh (event) **8** playing with electronic pin-ball machines **9** turned up at the beach in gold-coloured bathing-slips (briefs)

10 The Health minister is considering doubling the present standard fee for medicines . . . this would bring about an increase in prescriptions for medicines which are exempt from the fee (which are issued free of charge).

31 False friends in English and Italian

List A p. 169

1 (see example)

2 **a** This is an **actual** fact.—*Questo è un fatto reale*.
b *L'attuale situazione economica è piuttosto grave*.—The **present** economic situation is rather serious.

3 **a** He is an **alcoholic**. —*È alcolizzato*. **b** *Qui non vendono bevande alcoliche*.—They don't sell **alcoholic** drinks here.

4 **a** He wants to make an **apology**.—*Vuole chiedere scusa*. **b** *Tertulliano scrisse un'apologìa in difesa dei cristiani perseguitati dai pagani*.—Tertullian wrote an **apològia** in defence of Christians persecuted by the pagans.

5 **a** The **application** has to be made (submitted) within eight days.—*La domanda va presentata entro otto giorni*. **b** *I foruncoli si curano mediante l'applicazione di impacchi caldi*.—Boils are cured by **applying** (by the **application** of) hot compresses.

6 **a** They're having an **argument**.—*Stanno litigando*. **b** *Scegliamo un argomento più interessante*.—Let's choose a more interesting **topic (subject)**.

7 **a** He's as **brave** as a lion.—*È coraggioso come un leone*. **b** *È brava in italiano*.—She's **good** at Italian.

8 **a** I have **confidence** in the future.—*Ho fiducia nell'avvenire*. **b** *Lei ha molta confidenza con suo*

91

padre.—She is very **close to** (can **confide** in) her father.

9   **a** I **confronted** him in the street and told him a thing or two.—*L'ho **affrontato** per strada e gliene ho dette quattro.* **b** *Confrontiamo le due foto.*—Let's **compare** the two photos.

10   **a** You're not **consistent**.—*Non sei **coerente** con te stesso.* **b** *Ci vuole una pasta molto **consistente**.*—You need a **thick** (**firm**) dough.

11   **a** I'll be in the **contest**.—*Parteciperò alla **gara** (concorso).* **b** *Non si usa in quel **contesto**.*—It's not used in that **context.**

12   **a** The **defendant** refused to answer.—*L'**imputato** rifiutò di rispondere.* **b** *Il **difensore** assiste l'imputato.*—(**Counsel for**) **the defence** assists the defendant (the accused).

13   **a** I'm **definitely** not coming.—*Non verrò **di sicuro**.* **b** *Tornano **definitivamente** in Italia.*—They're returning to Italy **for good** (**permanently**).

14   **a** I'm **determined** to do it.—*Sono **deciso** a farlo.* **b** *Succede solo in **determinate** circostanze.*—It happens only in **certain** circumstances.

List B   *p. 170*

1   **a** These buildings are a **disgrace**.—*Questi palazzi sono una **vergogna**.* **b** *Morì in seguito a una **disgrazia**.*—He died as the result of an **accident**.

2   **a** I've written a letter to the newspaper **editor**.—*Ho scritto una lettera al **direttore** del giornale.* **b** *Hanno mandato il manoscritto a un **editore** di libri d'arte.*—They've sent the manuscript to a **publisher** of art books.

3   **a** The Minister for **Education** will also speak.—*Parlerà anche il Ministro della Pubblica **Istruzione**.* **b** *Mangiare così non è certo segno di **educazione**.*—Eating like that is certainly not a sign of **good manners**.

4 **a** This is a very **effective** remedy.—*Questo è un rimedio molto efficace.* **b** *I vantaggi effettivi sono minimi.*—The **real** (**actual**) advantages are minimal.

5 **a** They **eventually** arrived at the park.—*Alla fine arrivarono al parco.* **b** *Eventualmente potresti venirmi a prendere.*—**If need be** (**possibly**) you could come and pick me up.

6 **a** I work in a car **factory**.—*Lavoro in una fabbrica d'automobili.* **b** *Hanno una fattoria di cinquemila ettari.*—They have a five-thousand-hectare **farm**.

7 **a** When it comes to clothes she's very **fastidious**.—*Quando si tratta di vestiti è molto pignola (meticolosa).* **b** *Queste mosche sono molto fastidiose.*—These flies are very **annoying** (a real **nuisance**).

8 **a** A short time after, the police arrived at the site of the **fatal** accident.—*Poco dopo sul luogo dell'incidente mortale è arrivata la polizia.* **b** *Era fatale che lui capitasse in quel momento.*—It was **inevitable** (**predestined**) that he should turn up at that moment.

9 **a** He's a very **genial** person.—*È una persona molto gioviale (cordiale).* **b** *Che idea geniale.*—What a **clever** (**brilliant**) idea.

10 **a** I'll **introduce** him to you tomorrow.—*Te lo presenterò domani.* **b** *È vietato introdurre i cani qua dentro.*—Dogs are not allowed to be **brought in** here.

11 **a** They have a very **large** house.—*Hanno una casa molto grande.* **b** *La strada non è molto larga.*—The road isn't very **wide**.

12 **a** I study in the public (town) **library**.—*Studio nella biblioteca comunale.* **b** *Ho comprato il libro in questa libreria.*—I bought the book in this **bookshop**.

13 **a** I got my driver's **licence** yesterday.—*Ho preso la patente ieri.* **b** *Faccio la domanda per ottenere la licenza di caccia e quella di pesca.*—I'm applying to get a shooting and fishing **permit** (**licence**).

14 **a** I **maintain** that the news is inaccurate.—*Sostengo che la notizia è falsa.* **b** *Come riesce a **mantenere** moglie e quattro figli?*—How does he manage to **keep (support)** a wife and four children?

List C   p. 170

1 **a** He's a person full of **misery**.—*È una persona piena di sofferenze (che soffre tanto).* **b** *Morì in gran miseria.*—He died in great **poverty**.

2 **a** We haven't any **money**.—*Non abbiamo soldi.* **b** *Devi introdurre una moneta nel distributore automatico.*—You have to put a **coin** into the vending machine.

3 **a** He annoys everyone with his **morbid** jealousy.—*Con la sua gelosia morbosa tormenta tutti.* **b** *I tuoi capelli sono morbidi.*—Your hair is **soft**.

4 **a** No-one has read the **notice**.—*Nessuno ha letto l'avviso.* **b** *Ho ricevuto una buona notizia.*—I've received some good **news**.

5 **a** It's a **novel** by Moravia.—*È un romanzo di Moravia.* **b** *Dobbiamo studiare una raccolta di novelle.*—We have to study a collection of **short stories**.

6 **a** No-one can stand **officious** people.—*Nessuno tollera le persone invadenti.* **b** *L'abbiamo saputo da fonti ufficiose.*—We heard about it from **unofficial** sources.

7 **a** A lot of **parents** have spoken about it with the headmaster.—*Molti genitori ne hanno parlato col preside.* **b** *Due parenti, uno zio e una zia, sono tornati in Italia.*—Two **relatives**, an uncle and an aunt, have returned to Italy.

8 **a** If you've invented it you have to apply for a **patent**.—*Se l'hai inventato devi chiedere un brevetto.* **b** *Non ho la patente di guida.*—I haven't a driving **licence**.

9 a This car uses up a lot of **petrol**.—*Questa macchina consuma parecchia benzina.* **b** *Durante la crisi del petrolio tutti i prezzi sono aumentati.*—During the **oil** crisis all the prices went up.

10 a She **pretends** to be happy but she's not.—**Finge** (*fa finta*) *di essere felice ma non lo è.* **b** *Tu pretendi troppo da me.*—You **expect** (**demand**) too much from me.

11 a I wish to ask a **question**.—*Desidero fare una domanda.* **b** *Bisogna risolvere la questione al più presto.*—The **problem** (**the matter**) has to be resolved as soon as possible.

12 a The girl had been **raped**.—*La ragazza era stata violentata (stuprata).* **b** *Le Brigate Rosse rapirono Aldo Moro.*—The Red Brigades **kidnapped** Aldo Moro.

13 a Do you **realise** you made a mistake?—*Ti rendi conto di aver sbagliato?* **b** *Il suo sogno fu realizzato.*—His dream **came true** (was **realised**).

14 a The **recipient** of the letter is asked to reply immediately.—*Il destinatario della lettera è pregato di rispondere subito.* **b** *Per il latte ci vuole un recipiente più grande.*—A larger **container** is needed for the milk.

List D   p. 171

1 a This vessel doesn't **retain** water.—*Questo recipiente non tiene l'acqua.* **b** *Ritengo che l'abbia fatto lui.*—I **think** he did it.

2 a Don't mix with those **ruffians**.—*Non frequentare quei teppisti (furfanti).* **b** *Pierino sempre fa il ruffiano con il professore.*—Pierino always **toadies** to the teacher.

3 a There is a **rumour** that they'll be coming tomorrow.—*Corre voce che verranno domani.* **b** *Ho sentito uno strano rumore.*—I heard a strange **noise**.

4 **a** He's a world-famous **scholar**.—*È uno studioso di fama mondiale.* **b** *Uno scolaro della quarta è stato castigato dalla maestra.*—A fourth-grade **student** has been punished by the teacher.

5 **a** She's a **sensible** woman.—*È una donna ragionevole (assennata).* **b** *Non essere così sensibile.*—Don't be so **sensitive**.

6 **a** This phrase doesn't *make sense*.—*Questa frase non ha senso.* **b** *I ragni mi fanno senso.*—Spiders **give me the creeps** (are **repugnant** to me).

7 **a** Let's write another **sentence**.—*Scriviamo un'altra frase.* **b** *La sentenza del tribunale fu tre anni di prigione.*—The court's **sentence** was three years' imprisonment.

8 **a** They sell wines and **spirits**.—*Vendono vini e superalcolici (liquori).* **b** *Hanno paura degli spiriti.*—They are afraid of **ghosts** (**spirits**).

9 **a** Italian is the **subject** I like best.—*L'italiano è la materia che più mi piace.* **b** *Qual è il soggetto del film?*—What is the **theme** (**subject-matter**) of the film?

10 **a** You'll **succeed** if you try.—*Riuscirai se ci provi.* **b** *Cosa succede qua dentro?*—What's **happening** in here?

11 **a** We've accepted your **suggestion**.—*Abbiamo accolto il tuo suggerimento.* **b** *Eravamo tutti vinti dalla suggestione di quello splendido panorama.*—We were all overwhelmed by the **charm** of that glorious view.

12 **a** Her parents **support** her.—*I suoi la mantengono.* **b** *Non sopporto quei rumori.*—I can't **stand** (**bear**) those noises.

13 **a** I want to express my **sympathy** on the death of his aunt.—*Voglio fargli le condoglianze per la morte di sua zia.* **b** *Ho simpatia per i gatti.*—I have a **liking** for (am **fond** of) cats.

14 **a** Don't worry about it, it's a **trivial** thing.—*Non preoccupartene, è una cosa **banale** (**di poca importanza**).* **b** *Quando recitano usano un sacco di parole **triviali**.*—When they act they use lots of **vulgar** (**coarse**) words.

32 Numbers

Numbers with measurements, dates, time, etc.

p. 172

una canzone; un programma; uno zio; una delle mele; tre
o quattro strade; dieci canali televisivi; quattordici uova;
sedici stanze; diciassette pagine; diciotto carati;
diciannove libri; ventun(o) giorni; ventitré gioielli;
ventotto città; trentacinque cani; quarantaquattro verbi;
cinquant'anni; sessantun(o) mesi; settantatré gradini;
ottanta alberi; novantotto parole; cento litri; centun(o)
(centoun(o)) membri (cento e un membro); centotto
(centootto) passeggeri; chiamiamo il centotredici;
duecent(o)ottantatré paia; trecent(o)un(o) tonnellate
(trecento e una tonnellata); ottocentodiciassette scatole;
mille volte; milleun(o) soldati (mille e un soldato);
milletrentatré chilometri; duemila metri;
diciannovemilaseicent(o)un(o) studenti;
trentatremilasettecent(o)otto macchine;
novantamilatredici nomi; cent(o)un(o)milaottantun(o)
carte; quattrocentoquarantamila lettere; un milione di
emigrati; tre milioni settantottomilacinquecento lire;
dieci milioni di dollari; otto miliardi cinquecentotré
milioni seicentosessantottomiladodici secondi; centinaia
di persone; un centinaio di chili; due centinaia di soldati;
migliaia di studenti; un migliaio di mattoni; tre migliaia

98

di italiani; *Le mille e una notte*; due zeri; cinque gradi
sotto (lo) zero; trentadue virgola sei;
cinquecentonovantatré virgola quarantotto; otto più
cinque fa (è uguale a) tredici; ventuno meno diciassette
fa (è uguale a) quattro; otto per sei fa (è uguale a)
quarantotto; dodici diviso tre fa (è uguale a) quattro; Via
Manzoni novantatré (s)barra B (novantatré bis).

p. 172, *lower*

la prima volta; la terza pagina; il quarto negozio; la nona
strada; la decima fila; il ventitreesimo mese; il
trentaseiesimo anno; il cinquantesimo anniversario; il
millesimo impiegato (dipendente); la
seimilatrecentottesima parte; la milionesima lavatrice;
un settimo; tre quinti; due diciannovesimi; cinque
ventottesimi; Enrico quarto; Bonifacio ottavo; Pio nono;
Luigi quindicesimo (decimoquinto); papa Gregorio
settimo; re Giorgio sesto; Elisabetta prima; Vittorio
Emanuele secondo; Napoleone terzo; Pio dodicesimo
(duodecimo) (decimosecondo); papa Giovanni
ventitreesimo (ventesimo terzo) (vigesimo terzo);
Giovanni Paolo secondo.

p. 173, *upper*

il primo febbraio millenovecent(o)ottantatré; il due
giugno millenovecentoquarantasei; il quattro novembre
millenovecentodiciotto; il cinque maggio
milleottocentoventuno; nella primavera del
milleottocentoquarantotto; l'otto settembre
millenovecentoquarantatré; il venticinque aprile
millenovecentoquarantacinque; il ventinove luglio
millenovecento; il ventisei dicembre
millenovecent(o)ottanta; il trentun(o) marzo
millenovecentosettantasei; il settecentocinquantatré a.C.
(avanti Cristo); il settantanove d.C. (dopo Cristo); il
ventesimo secolo (il Novecento); il quattordicesimo
secolo (il Trecento) (il secolo decimoquarto); il

diciannovesimo secolo (l'Ottocento) (il secolo decimonono); l'ottavo secolo d.C.; il primo secolo a.C.; nell'anno duemila; ai primi di ottobre; verso la fine di gennaio; a metà agosto; l'Italia del dopoguerra; negli anni trenta; verso la fine degli anni sessanta; per un decennio; il conto mensile; l'edizione quindicinale; una rivista bimensile (bimestrale); ogni trimestre; gli esami trimestrali.

p. 173, *centre*

è l'una; sono le otto e un quarto; le dieci e mezzo; è mezzogiorno; sono le tre meno dieci; cinque minuti a mezzanotte (mezzanotte meno cinque); le sei e venti; le quattro meno un quarto; sono le sei e ventotto; le ventuno (le nove di sera); le sei (di mattina); il treno delle diciannove e trenta; il volo delle quindici e venti; alle nove in punto; per le dieci e mezzo al più tardi (al massimo); prima delle due; fra mezz'ora; sono esattamente le tre e trentatré; nel tardo pomeriggio; di buon mattino (la mattina presto); buon giorno a tutti!; a domani.

p. 173, *lower*

1 Stanno costruendo una strada lunga venti chilometri.
2 Questa torre è alta più di cinquanta metri. **3** era lontana solo due chilometri (era a solo due chilometri)
4 c'era una coltre di neve alta quaranta centimetri
5 profonda due metri e mezzo **6** quanto sei alto . . . sono alto un metro ottanta **7** è più alta di Dario di due centimetri **8** La Marmolada, nelle Dolomiti, è alta più di tremila metri sul (sopra il) livello del mare. **9** Padova è a circa quaranta chilometri da Venezia. **10** se ne andarono (partirono) cinque alla volta **11** due alla volta (a due a due)

p. 174

1 Il ventitré per cento dei sardi lavora in altre regioni d'Italia. **2** uno sconto del dieci per cento **3** doppie suole   **4** Fra il milleottocentottantadue e il millenovecentoquattordici l'Italia appartenne alla Triplice Alleanza.   **5** quattro chili e mezzo di farina   **6** Voi due siete mezzo (mezzi) matti!   **7** una porta a metà del corridoio   **8** oggi (a) otto   **9** fra quindici giorni   **10** (in) quanti siamo, siamo (in) dieci   **11** l'ennesima volta

1 tutte e due le porte   **2** tutti e sette i colori   **3** La benzina costava cinquecento lire al litro.   **4** Quanto costa il caffè all'etto?   **5** cinquantacinquemila lire al supermercato   **6** che equivaleva a ottantun dollari (e) cinque centesimi   **7** non è (un) milionario, è (un) miliardario   **8** è di nove milioni   **9** un paio di scarpe e due paia di calze   **10** ventinove trentotto quarantacinque, prefisso zero quaranta   **11** viene (verrà) lunedì due dicembre

p. 175

1 il martedì e il giovedì   **2** solo i diciottenni   **3** è per i bambini dai quattro agli otto anni   **4** Non ti lasciano entrare se hai meno di (se sei minore di) (se sei al di sotto dei) quattordici anni.   **5** Quanti anni hai? – Ho diciassette anni (ne ho diciassette).   **6** Quando sei nato? . . . sono nato nel millenovecentosessantacinque.   **7** Petrarca nacque il venti luglio milletrecentoquattro.   **8** morì nel milleottocentosettantatré   **9** Il primo maggio è la festa del lavoro.   **10** La Juventus ha battuto il Lazio tre (reti) a due.   **11** non hanno le camere 'tredici' e 'diciassette' . . . invece le camere portano rispettivamente i numeri 'dodici bis' e 'sedici bis'

Idiomatic expressions containing numbers

p. 175

1 kicked up a rumpus (made the devil of a row) in the supermarket   **2** it's in my overnight bag   **3** he hasn't even dropped me a line yet **4** many happy returns (of the day) **5** went out into the garden for a stroll **6** I put a nice rip (tear) in my trousers **7** he's always up to something **8** I stopped to have a chat **9** his mother nearly wears herself out trying to make him get up **10** I told him a thing or two **11** was sacked on the spot **12** I'll tidy everything up in next to no time (in a flash) **13** for the little money (for those few beans) that they give you

p. 176

1 there was hardly a soul at the lecture **2** I want to have a word or two in your ear **3** hasn't got third-party insurance **4** Are you coming with me to the tavern to have a small glass (a drop) (of wine)? – Yes, thanks a lot. **5** he always bends over backwards (goes out of his way) **6** probably cost him around 300 000 lire **7** we'll eat a couple of pancakes and have a bit of a dance **8** those two who were standing there saying a lot of things to each other in private **9** uproar broke out **10** I won't eat the first course, only the second (the main course) **11** for the elderly (old-age pensioners) **12** Silvia's father should praise her to the skies for that eight out of ten **13** the roller-coaster is the one I like best

33 Relative pronouns and interrogative adjectives and pronouns

Relative pronouns

p. 180
1 che **2** che **3** di cui **4** chi **5** (a) cui (al quale) **6** la
quale **7** con cui (con la quale) **8** chi **9** su cui (sul
quale) **10** che **11** (a) cui (al quale) **12** che, che, con
cui (con i quali), di cui (delle quali)

p. 181, upper
1 la **2** in **3** le **4** con il **5** per la **6** della **7** sulla
(dalla) **8** la **9** il **10** sul

p. 181, lower
1 Marco che vuole visitare . . . è partito per Bologna
2 . . . qualche parola che nessuno ha capito **3** arrivammo
in un piccolo paese in cui (nel quale) c'era . . . **4** . . . la
poesia che il professore ci aveva chiesto di studiare
5 . . . atleta di cui (del quale) tutti esaltavano le doti
(Mennea, le cui doti tutti esaltavano, era . . .) **6** Paola,
(a) cui avevo intenzione di mostrare le foto, non . . .
7 Leopardi, i cui versi (i versi del quale) . . . **8** . . . una
lettera da Rino che (il quale) mi informa . . . **9** . . . i
primi capitoli del libro, dei quali parleremo domani
10 . . . la sorella di Eugenio, del quale sono molto amico
11 . . . una bellissima tela che (la quale) è opera di
Tintoretto e in cui (nella quale) è rappresentata . . .
12 Quando sono entrato alla Bocconi, che (la quale) è

un'università milanese, conoscevo già un sacco di gente tra cui (tra la quale) ho potuto . . . **13** Il referendum istituzionale, (a) cui (al quale) parteciparono per la prima volta le donne, e in seguito a cui (al quale) l'Italia . . ., ebbe luogo il 2 giugno 1946.

p. 182

1 chi parla così **2** chi ci ama **3** chi vuole ulteriori informazioni **4** Dai la circolare solo a chi è seduto in fondo. **5** è solo per chi non sa nuotare **6** chi vuole viaggiare in macchina **7** guai a chi tocca **8** c'era chi disse (ha detto) che era un angelo, chi che era crudele, e chi che era egoista **9** a chi troverà la chiave **10** Sulla lettera, in alto, scrivi 'A chi di competenza (spettanza)'.

p. 183

1 L'autobus che va . . . è il numero 14. **2** l'orologio digitale che tuo fratello mi ha dato **3** le ragazze che vengono (verranno) **4** la signora Fiorelli, che voi due conoscete **5** parlare con la madre del ragazzo, la quale abita **6** il castello della città, il quale visiteremo **7** Quella è la commessa da cui (dalla quale) ho comprato il regalo. **8** gli studenti, nella cui casa (nella casa dei quali) abbiamo fatto la festa **9** l'uomo (a) cui (al quale) (con cui) (con il quale) parlavo un attimo fa **10** quella vecchia il cui figlio (il figlio della quale) lavorava **11** una macchina (un'auto) il cui motore (il motore della quale) fa tanto chiasso **12** Non sono i fatti (a) cui mi riferisco. **13** Sono loro le persone che aspetti (stai aspettando)? **14** Ci sono molte foto che voglio guardare. **15** nessuno ha telefonato, il che significa (vuol dire) **16** è arrivato alle nove in punto . . . il che per te sarebbe impossibile

Interrogatives and exclamations

p. 184

1 chi **2** quale **3** che **4** quanti **5** (che) cosa **6** chi
7 quale (che) **8** quante **9** che **10** chi

1 Quale è il monte più alto d'Europa? **2** Chi (quale
squadra) vinse lo scudetto quell'anno? **3** Di chi è la
(quella) valigia? **4** Quanti cani avete? **5** Quale gonna
preferisci? **6** (Che) cosa vuoi (vorresti) bere? **7** Che
lavoro (mestiere) fai? **8** Quanto devi pagare?

p. 185

1 Quale di quei due nastri preferisci, quello rosso o
quello bianco? **2** Quali vorresti provare? **3** quale è
migliore **4** A chi piace il gelato? **5** Di chi sono queste
chiavi? **6** non so di chi è **7** in quale regione italiana è
(si trova) Siena **8** Non so a chi devo chiederlo.
9 A (che) cosa stai pensando? **10** (Che) cosa hai?
11 Quanto (tempo) ci vorrà per finire il compito?
12 Quanta fame hai? **13** Che bella sorpresa! **14** Che
brutta faccia fai! **15** (In) quanti siete? **16** Ti dispiace
dirmi di chi o di cosa stai parlando?

Proverbs containing relative pronouns

p. 185

1 The early bird catches the worm. **2** He who laughs last
laughs longest. **3** Slow and steady wins the race. **4** Bad
company will teach you bad ways. **5** He who climbs
higher than he should, must needs fall lower than he
would (pride goes before a fall). **6** Nothing ventured,
nothing gained. **7** Make hay while the sun shines (a
stitch in time saves nine). **8** As we sow so do we reap.
9 Barking dogs don't bite. **10** You can tell a man by the
company he keeps (birds of a feather flock together).
11 If your writing you can't read, then an ass you are

indeed.   **12** Grasp all, lose all.   **13** If you marry a
relation you'll have a short life and much vexation.
14 To live a healthy and active life, eat little and dine
early.   **15** To live long and be full of beans, make sure
you eat plenty of greens.   **16** Life is full of ups and
downs.   **17** All that glitters is not gold.   **18** If you break
you pay, and the broken bits you can take away.

34 The participle, the gerund, and the infinitive

The Italian present participle

p. 188

1 il pacco contenente i libri che hai ordinato **2** il capitolo seguente **3** una pietra (un sasso) sporgente **4** Tutta la merce proveniente dall'estero dovrà essere controllata. **5** i documenti riguardanti l'inchiesta **6** le parole terminanti **7** i bambini sofferenti di asma **8** Il discorso del segretario uscente fu molto commovente. **9** Le luci lampeggianti mi fanno male agli occhi. **10** Per fare il tè ti occorre (ci vuole) acqua bollente. **11** nei dischi volanti **12** la Torre pendente **13** molto esigenti **14** hanno bisogno di meno medicinali e più cibo nutriente **15** Il quadro rappresentante il cammino del proletariato è di Pellizza da Volpedo . . .

The *gerundio*

p. 189

1 vedendo il mare **2** non sapendo dove andare **3** discutendo il caso adesso **4** Lucio, essendo più intelligente di noi **5** ma porgendoglieli vide **6** avvicinandomi alla porta **7** avendo già visto le catacombe **8** essendosi alzata **9** mandandola via aerea **10** avendoli fatti riparare

1 aprendo la porta **2** attraversando la strada

3 gridando così lo farai arrabbiare **4** è scivolata salendo le scale **5** facendolo così (in quel modo) **6** avendo ascoltato i dischi infinite volte **7** essendo partita il giorno prima **8** non volendo frequentare i tossicomani
9 Essendosi alzata alle sei Renata ha potuto osservare il sorgere del sole. **10** Pur volendo passare la notte . . . non osava disubbidire a suo padre. **11** pur avendogli scritto (avendo scritto loro) due volte **12** essendoci solo tre persone **13** dandoglielo adesso

Absolute constructions

p. 190

1 appena passata l'ultima macchina **2** Luca, dette queste parole **3** terminati gli studi **4** una volta rotta quella calcolatrice **5** tempo permettendo **6** partita Angela
7 regnante Augusto **8** chiusa la porta **9** atterrato l'aereo **10** arrivata a casa **11** non appena lavata la macchina **12** vista la commedia **13** strada facendo
14 vivente il nonno **15** il segretario, conosciuti i risultati **16** appena finita la canzone **17** presisi per mano

p. 191

1 finita la lettera **2** partita Sandra **3** vista più di una volta **4** completati gli elenchi (completate le liste) Emilio li (le) consegnò **5** scesa (calata) la luna era (si fece) buio pesto **6** entrata nel negozio **7** invitati a due feste . . . non sapevano quale invito accettare **8** appena tornata dall'Italia **9** vestitasi in fretta **10** appena riparata, la macchina non doveva

The infinitive

p. 192

1 Travelling by plane . . . because of the hijackings.
2 simple homely food **3** had taken to drink **4** at the

blaring of the trumpet the young recruit **5** in accordance with his mother's wish **6** painting has become **7** is now in power **8** In the long run you'll be a bundle of nerves. **9** being reprimanded (told off) **10** to have found it right here **11** not only having a good time **12** the chirping of the cicadas and the babbling of the brook

1 too much talking **2** at sunset **3** a perpetual alternation (succession) of disorderliness **4** in the twinkling of an eye **5** with the passing of time **6** by commenting on every scene **7** on seeing her **8** On reading the joke I roared with laughter. **9** unanimous in their belief that **10** the old woman (allegedly) fell while walking down the stairs **11** we'll start by talking to him **12** ends up losing his temper

p. 193

1 A mettere Fedi al corrente . . . fu Anna. **2** A farla impazzire è stato il marito. **3** A confutare la teoria tolemaica fu Galileo. **4** Ad avere mal di testa domani saremo anche noi. **5** . . . ad uccidere la ragazza è stato lo squartatore. **6** A sbloccare la situazione sono state le proteste . . . **7** A descrivere la strega . . . fu don Licio. **8** A rubargli la penna non ero stato io. **9** A rompere i vetri furono i bambini . . . **10** A far chiudere la nuova sede sono state due guardie . . .

p. 194

1 a parlare un po' insieme **2** a vedere quell'abbraccio **3** a rispondere così **4** ad affacciarti alla finestra **5** a sentire parlare di soldi **6** ad incontrarlo per strada **7** a sentirci e a leggerci **8** a giudicarlo dalle parole **9** a dire la verità **10** a lavorare giorno e notte

p. 195

1 senza accendere la luce **2** soddisfatto (contento) di aver fatto del suo meglio **3** perché non cominci a scrivere, invece di fissare **4** prima di andare a letto

5 Non sono molto bravo a disegnare. **6** eravamo tutti
affaccendati (occupati) a (ri)copiare **7** stava (era) dietro
le tendine a spiarci **8** Quando hai smesso di fumare?
9 Non ho potuto fare a meno di sorridere. **10** Abbiamo
finito con lo (per) scrivergli una lettera.

1 Quando sono entrato nella stanza l'ho trovata a
cucire. **2** sono rimasti lì a discutere **3** non ci metterò
molto tempo a comprare **4** Eravamo tutti lì ad
aspettarlo. **5** hai finito di scrivere **6** ha negato di aver
tirato i sassi **7** Ti dispiace spostarti? **8** mi piace
mangiare **9** Non (mi) ricordo di aver messo le chiavi in
tasca. **10** hanno intenzione di andare

Translating English words in '-ing'

p. 195

1 guardandola (nel guardarla) **2** a giudicare dal chiasso
3 Piangere non serve a niente. **4** inclusa (compresa)
Maria **5** Fu solo quando ci fermammo all'angolo che lo
vedemmo correre per (lungo) la strada. **6** Puoi
prenotare un posto telefonando a questo numero. **7** si
sono divertiti a giocare in piscina **8** Cerca di aprirlo
dall'altra parte. **9** È inutile preoccuparsi del compito.
10 guidare è pericoloso (è pericoloso guidare) **11** dopo
aver letto il libro

p. 196

1 arrivata (arrivando) a scuola **2** li hai sentiti ridere
3 a partire (a cominciare) da domani **4** stava (era)
seduta (sedeva) lì a fissare (fissando) **5** cantare (il canto)
è divertente (è uno spasso), ma preferisco dipingere (la
pittura) **6** l'acqua era bollente e c'era odore di
bruciato **7** leggendo il libro, continuavo a pensare al
pacco misterioso **8** in seguito all'incidente **9** non so
quanto tempo sono rimasto (stato) lì a guardare le
fiamme **10** vai a correre . . . preferisco fare della vela

11 secondo me la commedia non era molto divertente
12 visto che ti piace

Proverbs containing a participle, gerund, or infinitive

p. 197

1 Where there's a will there's a way. 2 Practice makes perfect (we learn by our mistakes). 3 What's done is done (what's done can't be undone). 4 Appetite comes with eating. 5 Once on shore we pray no more.
6 Every law has a loophole. 7 Who lives by hope will die by hunger. 8 Let bygones be bygones. 9 It's easier said than done (there's many a slip 'twixt the cup and the lip). 10 Don't look a gift-horse in the mouth.
11 Fore-warned is fore-armed. 12 Silence was never written down (no wisdom like silence) (silence is golden). 13 Hump to the west, moon waxing. Hump to the east, moon waning.

35 The subjunctive

The subjunctive in independent clauses

p. 200

1 Let her come in (she can come straight in)! 2 'Long live the Pope!' 3 If only they all came (would come)! 4 Stand up (all) those who have finished. 5 If only it were true. 6 let (may) young people remember 7 if we could only foresee 8 May it do you good! 9 If only they'd stop it (knock it off) for once (it's about time they . . .)! 10 Have (let) that clown leave! 11 Let these two examples suffice. 12 May you be happy!

1 magari sapessi 2 magari fossero 3 magari me l'avessi detto 4 magari sentissimo 5 magari aveste comprato 6 magari venisse

p. 201

1 (Magari) non l'avessi detto. 2 (Magari) potessimo vivere sempre così. 3 (magari) arrivassero 4 (Magari) stesse zitto. 5 (Magari) buttassero fuori quei due. 6 (Magari) studiasse di più. 7 (Magari) fossi con te. 8 (Magari) potessi aiutarti.

1 (Che) lo faccia lui! 2 (Che) vengano tutti! 3 (Che) provi! 4 Non esca nessuno! 5 (Che) parlino solo quelli che sono soci (membri)! 6 (Che) studino tutta la notte se vogliono!

1 Dio ti aiuti! 2 Vinca il migliore! 3 Se (se soltanto) (magari) ascoltassi qualche volta! 4 Se (se soltanto) (magari) non avessero preso la macchina! 5 (Magari) fosse successo la settimana scorsa! 6 L'avessi saputo ieri! 7 Il Cielo (Dio) non voglia! (Dio ce ne guardi!)

The subjunctive in dependent clauses

p. 201

1 siano (stati) 2 abbia (avuto) 3 veniate 4 portino
5 ripetano 6 finisca 7 vada (sia andata) 8 possiate (abbiate potuto) 9 faccia 10 si divertano (si siano divertiti) 11 partano 12 abbia vinto 13 sia arrivato
14 vogliate 15 si accorga (si sia accorta)

p. 202

1 debba 2 si rivolga 3 torni 4 scelga 5 cerchi 6 abbia mai mangiato 7 tocchino (abbiano toccato) 8 odi (odii) 9 spieghi 10 inizino 11 morda 12 siano venute 13 sappia (abbia saputo) 14 abbia assistito
15 diciate

p. 203

1 terminasse 2 riempissi 3 giurassero 4 facesse
5 potessimo 6 se ne accorgessero 7 stesse 8 volesse
9 ascoltasse (avesse ascoltato) 10 venissimo 11 vincesse (avesse vinto) 12 rimanessero (fossero rimasti)
13 cercassimo (avessimo cercato) 14 vivessero (fossero vissuti) (avessero vissuto) 15 partisse (fosse partito)

p. 204

1 desse 2 toccassi 3 soddisfacesse 4 bevesse
5 travolgesse 6 avesse ucciso 7 ci fossero (stati)
8 mandasse 9 decidessero 10 parlassero
11 sospendessero 12 trovaste 13 fosse riuscita
14 avessi mai visto 15 fossimo già andati, avessimo comprato

p. 205

1 non credeva che io pagassi **2** non occorre che tu
ripeta **3** dubito che dica (stia dicendo) **4** qualunque
cosa succeda **5** benché (sebbene) continuassimo a fissare
il cielo nessuno riusciva a vedere **6** purché non abbia
altri impegni **7** voglio che tutti vi alziate (in piedi)
8 Aspettiamo che arrivi l'autobus. **9** Mi dispiace che
Nuccio non abbia superato l'esame. **10** Era il più brutto
sogno che (lei) avesse mai fatto.

1 cerca (sta cercando) qualcuno che le traduca la lettera
2 preferirei che non portasse **3** Vorrebbero che Silvana
gli desse (desse loro) una mano. **4** insisteva perché noi
ci andassimo **5** per evitare che Gabriella facesse la
civetta **6** Non ci volle (è voluto) tanto perché Giorgio si
sentisse offeso. **7** il fatto che l'abbiano eletto
presidente **8** per poco che piovesse **9** niente di grave le
fosse successo **10** Ammesso che la situazione sia (così)
disperata come tu dici . . .

p. 206

1 I genitori spesso temono (hanno paura) che i loro figli
non mangino abbastanza **2** È possibile che Lorenzo
abbia rotto il piatto. **3** tutti sappiamo che è **4** il
segretario negò che il ministro avesse tentato **5** Credevo
che Bettega avrebbe segnato un gol. **6** pretendeva che
io gli comprassi **7** Probabilmente dirà che Stella ha un
appuntamento a quell'ora. **8** prima che sparisse
(scomparisse) **9** È necessario (occorre) (bisogna) che
ciascuno di voi impari a nuotare. **10** Sono sicuro che il
ristorante è aperto . . . **11** mi sembra solo ieri che
abitavano **12** affinché (perché) il bambino non si
spaventasse **13** promise di apparecchiare la tavola (non)
appena sarebbe (fosse) arrivato a casa **14** Spero che mi
scriverai quando sarai in Italia. **15** qualunque domanda
tu le faccia **16** eccetto che avrebbe dovuto vestirsi da
Babbo Natale

p. 207

1 non credo che Gianni debba   **2** Franco teme che tu abbia sporcato   **3** è importante che Maria e Lucia finiscano   **4** sarebbe meglio che Raffaele facesse   **5** mi sarebbe piaciuto che Antonietta avesse visto   **6** nessuno avrebbe voluto che noi fossimo capitati   **7** sono contento che voi siate   **8** prima che loro uscissero   **9** senza che lui dicesse una parola   **10** perché Carla pulisse   **11** è un peccato che tu non sappia   **12** tutti aspettano che il medico entri   **13** mi pareva che l'avvocato non avesse detto   **14** Angelo negò che Anna avesse preso   **15** occorreva che tutti gli studenti partecipassero

The apparent subjunctive

p. 208

1 posso sedermi . . . posso fumare?   **2** puoi guardare dappertutto   **3** Potresti farti male.   **4** Quanti anni avrà (può avere) (gli dai)?   **5** Se mi è lecito (consentito) dirlo, hai torto.   **6** Tanto vale (che ci vada)!   **7** Di chi sarà mai (può essere) questo compito?   **8** So che ti occorrevano i miei appunti ma avresti potuto (potevi) chiedermeli prima.   **9** Forse hai ragione. Può darsi (che sia così).   **10** Potrei suggerire qualcos'altro?   **11** 'Posso servirLa' ('desidera')?

Finché

p. 208

1 until one day her husband entered . . .   **2** stayed there (for) as long as he could hear   **3** while (as long as) you're at the beach   **4** at least until grandfather has returned   **5** on his motor-bike as long (far) as he could . . . on foot, until he arrived   **6** until it were made public   **7** until the teacher arrives   **8** while (as long as) there had been   **9** while there's life   **10** (for) as long as auntie (had) felt

like it   **11** as long as (while) he has hold of the remote
control (unit)   **12** until you tell us   **13** until the umpire
signals the end   **14** while she was alive   **15** until she
(had) recognised her mother   **16** You'll have all the
opportunities you want of finding that out.

p. 209

1 Il bambino gridò finché (non) lo sentirono.   **2** Aspetta
finché (non) torno (torni).   **3** finché non arrivano al
traguardo   **4** finché vivrò   **5** Bisogna battere il ferro
finché è caldo.   **6** finché vuoi   **7** Il vecchio ci corse dietro
finché poté, finché (non) scomparimmo dietro gli alberi.
8 finché Claudia (non) si era sentita quasi svenire
9 Paolo rimase seduto finché tutti (non) ebbero finito la
traduzione.   **10** finché non saprò quanti vengono, non
posso (potrò)   **11** finché guardano la televisione
12 finché (non) avranno (abbiano) riparato il motore
13 finché tu non prometti (prometterai) (avrai/abbia
promesso) di aiutarla   **14** Il preside non disse niente
finché non ebbe letto tutta la lettera.   **15** I soldati
decisero di continuare a combattere finché (non) fosse
arrivata (arrivasse) la cavalleria.   **16** L'agricoltore disse
che avrebbe lasciato le pecore in un altro prato finché
l'erba (non) fosse ricresciuta.

36 Hypothetical ('if') clauses

'If' clauses in the indicative

p. 213

1 se arrivo . . . guardo il telegiornale **2** se c'è sciopero vado in bicicletta **3** se mangio . . . sto male **4** se Tina torna . . . suo padre la sgrida **5** se Lucio guida maledice tutti **6** se tocco . . . muoio **7** se i bambini fanno cagnara mi distraggo(no) **8** se deve . . . sparisce **9** se vedono . . . sempre gli danno da mangiare **10** se vado a Firenze e vedo . . . me la compro

p. 214, upper

1 Se il telefono squillerà risponderò. **2** se devo mettermi . . . protesterò **3** se entro . . . mi sentirò soffocare **4** se vorrà . . . dovrà prima comprare la lana **5** se avranno sete berranno l'aranciata **6** se piove noi non potremo giocare **7** se mi rompono i bicchieri me li pagheranno **8** se non potrò . . . la lascerò da Mario **9** Se il valore della lira cala ancora interverrà la Banca d'Italia. **10** se non vincerà . . . rimarrà male

p. 214, lower

1 se Giovanni aveva una lezione . . . l'aspettavo **2** se Maria Callas cantava, andavano **3** se c'erano dei turisti . . . cercavamo di parlare (in) inglese **4** Se tuo nonno abitava . . . lo portavamo sempre a vedere le catacombe   **5** Se i conti erano difficili, di solito chiedevo aiuto a Letizia.   **6** se non faceva troppo caldo, passavano la giornata   **7** Se il dott. Biagi riceveva due copie . . . sempre me ne dava una.   **8** Se arrivavamo . . . Zora stava di solito in giardino a lavorare.

'If' clauses in the subjunctive

p. 215

1 se tu inviassi, non la pubblicherebbero   **2** se andassi, vedresti   **3** se mi trasferissi, troverei   **4** se cancellassero, rinvieremmo   **5** tutti fischierebbero se gli australiani vincessero   **6** se . . . decidessero, anch'io ci andrei **7** nessuno protesterebbe se . . . il governo desse   **8** se cambiassimo casa, ne cercheremmo una   **9** non vi annoiereste se restaste   **10** se . . . scomparissero, non rimarrebbe

1 se mi fossi iscritto, avrei comprato   **2** se fosse (avesse) piovuto, avrei dovuto   **3** se il poveretto fosse morto, chi si sarebbe occupato   **4** Dario sarebbe venuto, se voi l'aveste mandato   **5** se fossimo stati, avremmo potuto **6** se i carabinieri avessero perlustrato, avrebbero trovato   **7** se avessi litigato, me ne sarei andato   **8** se Vittoria avesse frequentato, sarebbe diventata   **9** se avessero corso, si sarebbero stancati   **10** se avessimo fatto, avrei comprato

p. 216

1 fossero   **2** dessi   **3** verrei   **4** saremmo stati **5** dicessero   **6** inviteremmo   **7** fossi rimasto **8** dovrebbe   **9** avessi subìto   **10** si fossero messi   **11** se ne stesse   **12** ve ne sareste accorti

Various examples of 'if' clauses

p. 216

1 se mi fermo (fermerò), telefonerò a Rosa **2** se tutti volessimo, non ci sarebbe **3** se andiamo a fare la spesa, sempre salutiamo **4** i due poeti si incontravano spesso . . . e se faceva caldo (si) sedevano fuori **5** anche se gliela ripetessi mille volte, non saprebbe **6** se non (mi) sbaglio, toccherà a Mario **7** se fossi in te, non pagherei **8** Era come se la città non fosse mai esistita. **9** nessuno sapeva se l'aereo fosse (era) già partito. **10** Oreste si chiedeva se l'avvocato gli avesse (aveva) detto la verità. **11** Non so se a Iole e a Sandra sarebbe piaciuto quel film. **12** se non avessi sporcato, avrei potuto

p. 217

1 Se voi due vi foste alzati . . . avreste visto la bellissima aurora. **2** Se dovesse arrivare stasera mia sorella Paola, ti prego di farmelo sapere (per favore fammelo sapere). **3** se mi avessi dato più tempo, avrei risposto **4** Se è vero quello che dice il vicino di casa, non potrai andare col treno. **5** Perché dovremmo . . . se non vogliamo? **6** non si sarebbero comportati così male, se fossero stati **7** Se Dino non ti avesse prestato la sua auto, ora dovresti tornare a casa a piedi. **8** se l'autista non si fosse fermato subito chissà (mi domando) se avremmo evitato **9** se scrivi . . . potresti dirgli **10** Se il nostro cavallo ha vinto, ora siamo ricchi. **11** Se avevi voglia di andare in discoteca, dovevi (saresti/avresti dovuto) andarci. **12** Io certamente l'aiuterei! E se l'aiuterei io, sono sicuro che anche tante altre persone l'aiuterebbero.

37 Active and passive voice

p. 219

1 Una piccola calcolatrice così è stata comprata anche da Aurelio. 2 Certamente un'altra finestra sarà (verrà) rotta da quel pallone. 3 il ladro era stato arrestato da 4 Gli euromissili saranno già stati installati dalla Nato. 5 Le ultime notizie sono (vengono) trasmesse da loro ogni ora. 6 *Il principe* fu scritto da 7 gli studenti erano (venivano) interrogati dal professore 8 Parma sarebbe stata visitata solo da noi due 9 il bucato non sarà (verrà) steso dalla mamma 10 Da chi è (viene) diretta l'orchestra? 11 quell'ordine non sarebbe (verrebbe) eseguito da 12 i fiori le saranno (verranno) dati da te 13 fummo costretti a farlo da nostro padre 14 ti è stata presentata da Mario 15 Perché quella tassa gli era (veniva) imposta dal governo? 16 mi fu chiesto un prestito da 17 la vostra richiesta sarebbe stata esaminata dalla commissione se fosse stata presentata da voi 18 La pizza che mi era stata mandata dal sig. Bongusto non fu (venne) assaggiata da nessuno.

p. 220, upper

1 Arturo sceglierà il primo argomento 2 il parlamento elegge il presidente 3 Urbano VIII fece costruire il baldacchino 4 Due autostoppisti hanno rapinato il vecchietto. 5 il rapido Roma–Firenze avrebbe raggiunto una velocità 6 Il nostro comitato raccoglierebbe i fondi. 7 i terroristi tenevano una riunione 8 il primo corridore avrà raggiunto il

traguardo **9** Un gruppo di donne aveva costruito le barricate. **10** il prof. Venturi li ha ricevuti **11** Io le avrei raccontato la storia. **12** L'assistente di volo gli allacciò la cintura. **13** Giovanna te li presterà. **14** Noi glieli abbiamo regalati. **15** Loro non accolsero nessuna vostra richiesta. **16** Mario berrà un grappino solo se tu glielo offrirai. **17** Se Alberto non avesse spostato la statuetta, io non l'avrei rotta. **18** Il Comune ha stabilito che in futuro due assessori discuteranno e valuteranno gli eventuali aumenti prima che il sindaco li approvi.

p. 220, lower

1 Le luci sono state spente dal bidello. **2** il tesoro fu (venne) nascosto dai pirati **3** cinque nuovi impiegati saranno (verranno) assunti **4** Una guerra non è (viene) mai vinta da nessuno. **5** Vittorio Emanuele II fu (venne) proclamato re d'Italia **6** Sono stato punto da un'ape. **7** i televisori erano (venivano) prodotti per la maggior parte da ditte americane e inglesi **8** dieci dimostranti sono stati arrestati **9** le era (veniva) dato sempre lo stesso regalo **10** Gli è stata (gli fu) promessa una nuova bici. **11** A Claudia è stato dato (regalato) un bel foulard. **12** tu saresti stato considerato un imbroglione da tutti **13** Nessuno dei negozi è aperto. Mi è stato detto che tutte le porte sono (vengono) chiuse . . . **14** . . . le scale erano (venivano) sempre pulite ogni venerdì dalla signora Poli. Sono state pulite da lei ieri? **15** Non ci era mai permesso di entrare in classe senza prima toglierci le scarpe, e se arrivavamo in ritardo (tardi) ai nostri genitori era (veniva) sempre mandato un biglietto (mandata una letterina).

The *si* construction replacing the passive

p. 221

1 si toglie un punto **2** si smista la posta **3** si effettuano le riforme **4** si raccolsero migliaia di firme **5** si intende

6 si attaccheranno **7** si fucilavano **8** si sono delegati
9 si eliminassero, si trasformerebbero **10** si sarebbe
confuso **11** tutti i conti si possono pagare (si possono/si
può pagare tutti i conti) **12** oggi che la si conosce . . . la
si capisce **13** non si insegnavano (non le si insegnava)
14 si premiava, gli si davano dei soldi **15** se ne sono
mangiati solo due **16** non voglio che si discutano (li si
discuta) **17** ci si regalava(no) i manifesti che non si
adoperavano **18** non si devono mai picchiare (non li si
deve mai picchiare) (non si deve mai picchiarli)

p. 222

1 Qui si parla italiano. **2** si leggeranno le poesie **3** si
insegnano altre lingue **4** Non si dicono mai quelle cose.
5 si usavano una volta per l'olio **6** Non si è capito
niente. **7** si dice che non si pubblicheranno **8** si
sarebbero noleggiati **9** Se ne parla parecchio. **10** Se ne
è parlato ieri.

p. 223

1 Se ne erano comprati due. **2** Lo si vede dappertutto.
3 la si è bevuta tutta **4** la si considerava **5** Mi si era
offerto un altro lavoro. **6** si sono affittati **7** gli si
mostrerà (si mostrerà loro) **8** gli si dava(no) sempre due
biglietti **9** Le si taglieranno (taglierà) i capelli. **10** mi si
erano aperti gli occhi

The impersonal *si*

p. 223

1 si sa che non si deve **2** si portano **3** si è voluto
(voluta) **4** non ci si diverte affatto quando si va **5** non
ci si rendeva conto **6** non ci si aspettavano (aspettava)
linee **7** si è lodati quando si compie **8** Quando si è
preoccupati, se non si prendono i sonniferi non ci si
addormenta. **9** Non ci si deve sforzare troppo anche se
si è atleti. **10** Non si sarebbe dovuto (non si sarebbero

dovute) pagare tante tasse.   **11** Non si è scrittori perché
si è voluto dire qualcosa ma perché la si è voluta dire . . .
12 Quando si è passati . . . si è diventati adulti.   **13** se ne
è parlato . . . se ne è scritto   **14** Quando si è arrivati a
destinazione sani e salvi, ci si sente più tranquilli.
15 Quando si è piloti si deve restare . . . perché si è
sempre stanchi . . .

p. 224

1 si può fumare   **2** si vedeva quella ragazza . . . ora la si
vede   **3** si vedono molti turisti . . . li si vede dappertutto
4 non (lo) si fa così   **5** si sono usate varie frasi   **6** ci si
diverte sempre   **7** non ci si comporta così quando si è
amici   **8** Quando si è preoccupati si è spesso nervosi.
9 Quando ci si lava . . . ci si sente freschi.   **10** Appena si è
partiti, ci si sente tristi.   **11** quando ci si sveglia . . . si è
stanchi specialmente se si è studiato   **12** Una volta che si
è stati nominati giudici, si è obbligati a portare la
parrucca.   **13** Quando ci si è sporcati (sporcate) le
scarpe, le si deve pulire (si deve pulirle).   **14** Quando si è
camminato troppo, (ci) si deve riposare.   **15** non si era
capito allora che non si sarebbe tornati   **16** quando si è
abituati a stare in piedi . . . non ci si arrabbia se non si
trova un posto vuoto   **17** Se si fosse dormito . . . ci si
sarebbe alzati pieni di energia.

Special uses of *andare, venire*, and *rimanere*

p. 225

1 the ice cream is to be put   **2** it mustn't be
forgotten . . . left their ballot-paper blank   **3** elderly people
must be respected   **4** should be rewritten   **5** should have
been built further down   **6** the matter ought to have been
hushed up   **7** were (got) lost   **8** the harvest (crop) was

destroyed **9** were (got) burnt **10** the goods were (got) damaged **11** if we're not mistaken **12** I'm pondering on (I keep thinking about) what the consultant **13** I keep thinking that this is all a figment of their imagination. **14** meanwhile Leo kept saying (was going around saying) **15** I've been maintaining for some time now that there should be a crack-down on the crime of belonging not only to an armed gang but also to an unarmed gang, because a kind of terrorism exists which doesn't use a P.38 or plastic explosives. **16** the large hall slowly emptied **17** the percentage of unemployed Italians has been rapidly increasing **18** has gradually changed into a dismal (dingy) suburb

p. 226

1 This room is not clean. – Of course it is! It is (gets) cleaned every morning by the cleaning lady. **2** when the sentence (phrase) is not correct, it is (gets) corrected **3** The picture wasn't hanging on the wall then: it was (got) hung up only later on. **4** What on earth are you saying? **5** meanwhile Aldo was telling me **6** I'm becoming more and more convinced **7** In the meantime Marxist philosophy had grown more and more popular. **8** he happened to look down **9** if I manage to convince **10** There and then, I happened to say (I blurted out) that I couldn't accept.

1 I was amazed (stunned)   **2** we were all satisfied **3** they were painfully surprised **4** I was dumbfounded (speechless) **5** I hope the best one is (gets) awarded the prize. **6** will be closed **7** I was astounded at that unexpected answer. **8** was wounded **9** were killed this morning on the ring-road (by-pass) when a car skidded

10 lists a number of serious incidents in which there have allegedly been numerous casualties amongst the prisoners

38 Indefinite adjectives and pronouns

p. 231

1 Molta gente parla (molte persone parlano) (il) dialetto in casa. **2** Tutti e due gli studenti (i due studenti) superarono l'esame. **3** Voi due (entrambi) sembrate molto stanchi. **4** tutto il pane **5** noi tutti (tutti quanti) vogliamo **6** La poveretta era tutta confusa. **7** tutti hanno parecchie (tante) cose da fare **8** c'erano parecchi (c'era abbondanza di) biscotti **9** A tutti piacciono le ville vecchie. **10** Ogni negozio... era chiuso (tutti i negozi... erano chiusi). **11** Sì, tutti quanti. **12** Tuo padre aveva tutte le ragioni (tutti i motivi) per essere arrabbiato. **13** Ogni tanto (di quando in quando) qualcosa di strano succede. **14** Tutti gli altri hanno già finito il compito. **15** non si dovrebbe credere a tutto ciò (quello) che si legge

1 ciascuno (ogni) studente e ciascun (ogni) insegnante riceveranno **2** A ciascuno il suo. **3** Hanno paura l'uno dell'altro (si temono l'un l'altro). **4** Le mele sono a (costano) cinquecento lire l'una. **5** Di' quello che vuoi. Tanto, nessuno ti sta ascoltando. **6** C'è qualcuno alla porta? **7** Quel pazzo è capace di tutto. **8** Io farei qualsiasi (qualunque) cosa per aiutarla. **9** Hai qualcosa da darmi? **10** c'è qualcuno di voi disposto **11** Conosci (hai conosciuto) nessuna di queste persone? **12** Chiunque potrebbe (saprebbe) fare quello che hai appena fatto tu. **13** andava a parlare con chiunque (con chi) avesse bisogno di aiuto **14** Verrò a qualsiasi (qualunque) ora tu voglia (desideri). **15** Digli qualunque cosa (quello che vuoi). Qualsiasi scusa andrà bene.

p. 232

1 Vai in qualche parte (posto) stasera? **2** Non trovo gli (i miei) occhiali da nessuna parte (in nessun posto). **3** Sei andato in qualche altro posto? – No, non siamo andati in nessun altro posto. **4** possono andare dove vogliono **5** Così non combiniamo niente. **6** Ho messo l'orologio in qualche posto (da qualche parte), ma non so dove. **7** Pisa non è affatto vicino a Venezia. **8** In nessun posto in Europa (in nessuna parte d'Europa) ho visto monti così belli. **9** Se continuiamo a camminare in questa direzione andremo a finire (finiremo) chissà dove. **10** cinquantamila lire sono troppe **11** dovunque io vada, ricorderò **12** Chiunque ti abbia detto questo è (un) bugiardo. **13** qualunque cosa accada **14** Qualunque colore usino, a qualcuno non piacerà. **15** Piero non ha la minima (nessunissima) intenzione di andare . . .

p. 233

1 alcuni bambini sapevano **2** Pochi bambini sapevano cosa fare. **3** parecchi bambini **4** Potrei avere un po' di zucchero? **5** c'era poco latte **6** Poche altre cose rimangono (ben poco rimane) da fare. **7** tali sbagli (errori) **8** Sarebbe utile avere un tale libro. **9** Ieri è venuto quel tale dell'assicurazione. **10** Valeria è vissuta (ha vissuto) in altrettante **11** è tutt'altro che ricca **12** non fa (nient') altro che mangiare **13** Abbiamo visto sia Rocco sia Rita alla fiera. – Io non ho visto né l'uno né l'altra. **14** Me ne vado in cerca di nuove miniere d'oro, nuovi pozzi petroliferi! – Amico mio, in questo paese non troverai né le une né gli altri. **15** Ognuno faceva (tutti facevano) qualcosa di diverso: c'era chi tagliava la carta da parati, chi mescolava la colla, chi puliva le pareti, e c'era chi semplicemente (solamente) stava lì a guardare.

39 Adverbs

Formation of adverbs

p. 234

1 rapidamente; interamente; completamente;
tragicamente; simpaticamente; raramente;
miseramente; inaspettatamente; profondamente;
brevemente; velocemente; sapientemente;
gravemente; finalmente; utilmente; facilmente;
incredibilmente; specialmente; affabilmente;
docilmente; mensilmente; diagonalmente;
particolarmente; singolarmente; maggiormente;
acremente; bene.

2 tranquillamente; perfettamente; perdutamente;
chiaramente; veramente; apertamente;
subdolamente; audacemente; pesantemente;
dolcemente; difficilmente; generalmente;
cordialmente; possibilmente; eventualmente;
umilmente; fievolmente; settimanalmente;
ugualmente; vilmente; mollemente; follemente;
regolarmente; volgarmente; alacremente;
mediocremente; benevolmente; malevolmente;
leggermente; violentemente; parimenti; altrimenti;
male.

1 La storia ci commosse (ci ha commosso)
profondamente. 2 Gisella era perfettamente calma

3 ininterrottamente (senza interruzione) (di fila)
4 immancabilmente (inevitabilmente) **5** tutti parlavano
piano (a voce bassa) **6** all'improvviso (improvvisamente)
(ad un tratto) **7** continuamente (sempre) interrompono
8 presto **9** tutti mentalmente cominciammo a contare
10 Fortunatamente (per fortuna) Davide è arrivato
puntuale. **11** ha superato brillantemente i suoi esami
12 Sul serio (onestamente) non ce la farò. **13** Quasi tutti
sapevano benissimo che Marco non sarebbe tornato.
14 Ti aiuterei volentieri. Ma prima dovremmo spostare
con molta cura la tavola. **15** a quanto pare
16 L'impiegato rispose con pazienza (pazientemente) a
tutte le nostre domande. **17** Sei molto (terribilmente)
fortunato, sai: dicono che i soldi te li restituiranno
volentieri (con piacere). **18** invano **19** probabilmente
è andato (sarà andato) a casa perché di solito finisce
20 Vi prego di stare zitti altrimenti dovrete tutti rimanere
qui altri dieci minuti.

Adjectives as adverbs

p. 235

1 piano **2** fisso **3** sodo **4** chiaro **5** forte **6** vicino
7 diritto **8** caro **9** lontano **10** proprio **11** giusto
12 alto **13** corto

p. 236

1 *veloci* . . . the days go fleeting by
2 *pensierosa* . . . thoughtfully **3** *secca* . . . Gina answered
sharply **4** *felici e contenti* . . . they lived happily ever
after **5** *tranquilli* . . . slept peacefully
6 *distratta* . . . absent-mindedly **7** *seria* . . . severely
(sternly) **8** *cauta* . . . cautiously (warily)
9 *stretti* . . . clutched the flowers tightly
10 *categorica* . . . categorically **11** *svelti* . . . fast
12 *benigna* . . . kindly **13** *lenta* . . . was flowing slowly

Adverbs and adverbial expressions

p. 237

1 in modo diverso **2** nello stesso momento (tempo) **3** di continuo (senza sosta/interruzione) **4** con rigore **5** con pazienza **6** con onestà **7** con astuzia **8** senza dubbio **9** senza fallo **10** due volte al mese **11** di recente **12** nei tempi antichi (in antico) **13** in questo momento **14** con amicizia **15** in precedenza

1 gridò a squarciagola **2** spararono a bruciapelo **3** erano stati buttati sul letto alla rinfusa **4** in fretta e furia **5** ci buttammo a capofitto nel lavoro **6** le gambe mi facevano giacomo giacomo **7** tornarono alla spicciolata **8** sia stato fatto alla carlona **9** il cibo gli è andato di traverso **10** a catinelle **11** uscimmo alla chetichella **12** è cotta a puntino **13** camminavano lemme lemme lungo la strada **14** parla sempre a vanvera **15** vengono (sono) scelti a casaccio **16** sedeva (era seduto) a cavalcioni sul muricciolo

p. 238, centre

1 Gli asini hanno le orecchie (gli orecchi) penzoloni.
2 Al bambino piace andare gattoni. **3** Procedemmo (camminammo) tastoni. **4** cadde ginocchioni **5** giaceva bocconi **6** Scivolai e andai (caddi) giù ruzzoloni per le scale.

p. 238, lower

1 I won't bite you, you know! **2** After all he's not sick (there's nothing wrong with him)! **3** You're not in any hurry, are you? **4** isn't really expensive **5** certainly won't bite **6** Don't worry, I have no intention of sleeping! **7** have you by any chance seen **8** not bad at all

p. 239

1 quassù **2** qui vicino **3** È o qui sotto o là dentro.

4 non è qui dentro, è là fuori **5** Non andare più in su, vai più in giù! **6** devo mettere su l'acqua per fare **7** Tirati su le calze! **8** Butta su la chiave! **9** Giù le mani! **10** un bel tavolo con sopra due statue di bronzo **11** un uovo di Pasqua con dentro la sorpresa **12** un pullover (maglione) (golf) bianco con sotto una blusa (camicetta) rossa **13** dal ginocchio in giù **14** Vietato l'ingresso ai bambini dai tre anni in su (di tre anni e più). **15** I miei calzini erano alla rovescia.

Similes

p. 239

1 *forte come un toro*—as strong as a bull; *mite come una colomba*—as gentle as a dove (meek as a lamb); *affamato come un lupo*—as hungry as a wolf; *pauroso come un coniglio*—as timid as a rabbit; *agile come uno scoiattolo*—as agile as a monkey (nimble as a goat); *fastidioso come una mosca*—(to be) a wretched nuisance; *astuto come una volpe*—as cunning as a fox; *sano come un pesce*—as fit as a fiddle (sound as a bell); *lento come una lumaca*—as slow as a snail; *ostinato come un mulo*—as stubborn as a mule; *coraggioso come un leone*—as brave as a lion; *muto come una tomba*—as silent as the grave.

2 *nero come il carbone*—as black as ink (night); *contento come una Pasqua*—as happy as a lark (as merry as a cricket); *pieno come un otre*—as full as an egg (tight as a drum); *rosso come un gambero*—as red as a beetroot (a cherry) (a rose); *magro come un'acciuga*—as thin as a rake; *dolce come il miele*—as sweet as honey; *lungo come la quaresima*—as long as a wet week-end (as slow as a cart-horse); *bianco come la neve*—as white as snow; *grasso come un tordo*—as plump as a pincushion; *brutto come una scimmia*—as

131

ugly as sin; *pallido come un cencio*—as pale as death (white as a sheet); *liscio come uno specchio*—as smooth as glass.

3 *mangiare come un lupo*—to eat like a horse; *correre come il vento (un lampo)*— to run like the wind (like lightning); *volare come una freccia*—to fly like an arrow; *lavorare come una bestia*—to work like a dog (a slave); *dormire come un ghiro*—to sleep like a log (a top); *bestemmiare come un turco*—to swear like a trooper; *sparire come un razzo*—to be off like a shot (rocket); *nuotare come un pesce*—to swim like a fish; *bere come una spugna*—to drink like a fish; *parlare come un libro stampato*—to talk like a book; *piangere come una vite tagliata*—to cry like a baby; *tremare come una foglia*—to tremble (shake) like a leaf; *fuggire come un lampo (il vento)*—to take to one's heels like greased lightning (to flee like the wind); *urlare come un ossesso*—to yell like a madman (like one possessed).

40 Indirect speech

p. 242

1 Ettore le rispose che il giorno dopo avrebbe fatto quello che lei voleva, ma che se ne sarebbe pentita.
2 Tina disse alla mamma che quel regalo era per lei e non per la zia.   3 Elio disse alla donna che avrebbe voluto (voleva) solo chiederle a che ora cominciava (cominciasse) lo spettacolo quella sera.   4 Il professore disse agli studenti di stare zitti (che stessero zitti) perché poco dopo sarebbe arrivata una persona che loro conoscevano molto bene.   5 Giorgio disse al ragazzo di andarsene (che se ne andasse) di lì e di non farsi (che non si facesse) più vedere.   6 Nunzio gridò alla sorellina di non sporgersi (che non si sporgesse) dal balcone perché era pericoloso.   7 Angelo rispose che non si preoccupasse e che si ricordasse che i soldi lui li avrebbe pagati.   8 Il dirigente disse al caporeparto di prepararsi (che si preparasse) perché quel giorno avrebbero chiesto a quegli operai di controllare le macchine.   9 Luciano disse ai suoi compagni che temeva che loro fossero stati sempre deboli e che allora (in quel momento) non avessero la forza di ribellarsi.   10 Il colonnello disse ai soldati che finché loro fossero (sarebbero) restati lì avrebbero dovuto pensare solo al nemico che avrebbe attaccato poche ore dopo.

p. 243

1 Salvatore disse agli amici che era stufo di andare a scuola a piedi e che avrebbe chiesto a suo padre se poteva comprarsi la motoretta, e qualora avesse detto di sì, avrebbe voluto che loro fossero andati con lui a comprarla. **2** Walter disse al suo compaesano che lì ci sarebbe stato chi gli avrebbe dato ascolto, stima, ammirazione, e molto più di questo. Sarebbe bastato che lui non avesse preteso troppo da loro. **3** Il signor Riccardi disse alla figlia che lei sapeva benissimo che il giorno prima a casa di sua cugina si era comportata malissimo. Siccome il giorno dopo si sarebbe trovata di nuovo in sua compagnia la pregava di essere più gentile con lei e di ricordarsi (che si ricordasse) che il sabato seguente doveva andare con lei a teatro. **4** Quella sera Carmelo telefonò allo zio dicendogli che sapeva che era tardi ma che gli telefonava allora perché doveva chiedergli un favore. Desiderava che il giorno dopo lui si mettesse in contatto col preside, che gli dicesse che sarebbero andati a trovarlo, e che avrebbero portato la lettera che qualcuno aveva lasciato sul suo banco la mattina (del giorno) prima. **5** Domenico rispose ad Angelo che nessuno poteva dire che lui non fosse un bravo ragazzo con un cuore d'oro. A chi lo accusava di essere un ladro lui avrebbe potuto testimoniare che non aveva mai fatto male a nessuno, e molti avrebbero potuto convalidare la sua testimonianza. Se l'avessero arrestato per quella sciocchezza che aveva fatto un anno prima, lui sarebbe stato il primo a prestargli aiuto. **6** L'innominato alzò la mano e disse che non era un rimprovero che volesse fargli (fare loro), lui che era avanti a tutti, il peggiore di tutti, ma che sentissero ciò che gli aveva da dire (aveva da dire loro). Dio misericordioso l'aveva chiamato a mutar vita e lui l'avrebbe mutata, l'aveva già mutata. **7** L'innominato alzò la testa e disse loro che chi voleva restare a quei patti, sarebbe stato per lui un figliuolo. Chi non voleva, gli sarebbe stato dato quello che gli era dovuto di salario, e un regalo in più: avrebbe potuto andarsene; ma non mettesse più piede lì. Che ci pensassero quella notte: la mattina del giorno dopo (dell'indomani) li avrebbe chiamati, a uno a uno, a dargli la risposta, e allora avrebbe dato loro nuovi ordini. Per allora (per il momento) si ritirassero, ognuno al suo posto.

41 Abbreviations and acronyms

p. 246

partito comunista italiano—comunista; partito socialista
italiano—socialista; partito socialista democratico
italiano—socialdemocratico; partito repubblicano
italiano—repubblicano; democrazia
cristiana—democristiano; partito liberale
italiano—liberale; movimento sociale italiano—missino;
partito radicale—radicale.

as in English: *la BBC, hi-fi, l'FBI*
as in Italian: *ci-a, usa, ufo, ira, elle-pi, kappa-o, nato,
vip, di-ci-otto*

1 *automobile club d'Italia*—Italian automobile club
2 *avanti Cristo*—B.C.; *dopo Cristo*—A.D. **3** *imposta
sul valore aggiunto*—value added tax
4 *metropolitana*—underground railway; *esposizione
universale di Roma*—area on the outskirts of Rome built
for the 1942 world expo **5** *società tutti articoli necessari
dell'abbigliamento e arredamento, unico prezzo italiano
Milano*—two major department stores **6** *compagnia
italiana turismo*—Italian travel agency **7** *ente nazionale
per l'energia elettrica*—national electricity commission;
*società idroelettrica Piemonte (società italiana per
l'esercizio telefonico)*—national telephone company;
ferrovie dello stato—state railways **8** *pubblico
ministero*—public prosecutor **9** *comunità economica*

europea—European economic community **10** *club alpino italiano*—Italian alpine club

p. 247

1 *poste e telegrafi*—post and telegraph service; *codice di avviamento postale*—post code **2** *radio audizioni italiane*—Italian broadcasting corporation; *giornale radio uno*—the news on (national) radio station one; *telegiornale due*—the news on (national) TV station two **3** *direzione investigazioni generali e operazioni speciali*—special (anti-terrorist) police bureau; *brigate rosse*—red brigades **4** *confederazione generale italiana del lavoro, confederazione italiana sindacati dei lavoratori, unione italiana del lavoro*—the three major trade-union federations; *fabbrica italiana automobili di Torino*—Fiat car factory **5** *azienda generale italiana dei petroli*—national oil company; *società per azioni*—a limited (proprietary) (joint-stock) company; *ente nazionale idrocarburi*—national hydrocarbon corporation **6** *organizzazione delle nazioni unite*—united nations organisation; *organizzazione per la liberazione della Palestina*—Palestine liberation organisation; *unione repubbliche socialiste sovietiche*—Soviet Union **7** *imposta sul reddito delle persone fisiche*—personal income tax **8** *struttura amministrativa unificata di base*—national health administration **9** *comitato olimpico nazionale italiano*—olympic games committee (national sports federation); *unione donne italiane*—association of Italian women **10** *collaboratrice familiare*—cleaning woman (maid/help); *istituto nazionale della previdenza sociale*—national social security institute

42 **Letter writing**

1 *p. 249*

. . . since we left Australia for Rome . . . found a
pension (lodgings) a stone's throw from Termini
railway station . . . Mario's business is
booming . . . Though I'm having a whale of a good
time, I still miss you. I can't wait to hear from you.
Write to me soon (and let me know how Giulia's
party went). Give my kindest regards to Adriano who
I hope has fully recovered after the nasty fall. Best
wishes to everyone from both me and Mario. A big
hug (Love), Iole.

2 *p. 250*

. . . a problem that has been on my mind for
years . . . I was seriously wounded by a grenade.
Thanks to the help given to me by a private
soldier . . . I managed to reach the field hospital where
I was immediately operated on. During the retreat
which took place a few days later I lost track of . . . I
am writing to you . . . to ask you if through your
television show . . . I look forward to your kind reply,
and thank you in anticipation. Yours sincerely.

3 *p. 250*

Dear Prof. Fiorini, I am taking the liberty of writing
to you . . . As from next month I shall be in Pisa
where I intend enrolling in your specialised studies

(postgraduate) course. I realise that later on I shall also have to lodge my enrolment application at the registrar's office . . . For this purpose I am enclosing in (attaching to) this letter a photocopy of my curriculum vitae. I hope you'll let me know what you think of the idea and I wish to point out that my departure from Agrigento is scheduled for the 25th of next month. Thanking you, I am, yours sincerely.

4 *p. 251*

Tapparelli Bros. Dear Sirs, With reference to your letter of the 29th last we should be grateful if you could let us know by return mail whether you have the goods mentioned in the enclosed list, and could inform us of your arrangements regarding price, payment, and transport. Looking forward to an early reply, we remain, yours sincerely.

1 *p. 251*

Cara Stella, è da parecchio tempo che ho in mente di scriverti due righe, dato che sono ormai dei mesi che non ho tue notizie. Il motivo per cui ti scrivo, comunque, è per dirti che il prossimo mese sarò a Cortina dove trascorrerò una settimana a sciare, perciò spero di poter fare un salto da te strada facendo. Non vedo l'ora di passare nuovamente un po' di tempo con te. Non si sa mai (chissà), forse potrò convincerti a venire a sciare con noi per un paio di giorni. Spero che i tuoi stiano bene. Tanti cari saluti a tutti, e in particolare alla tua mamma e al tuo papà. A presto. Tua Celestina.

2 *p. 252*

Caro (egregio) sig. Caponi, ora che sono tornato dal mio viaggio all'estero ho intenzione di cercare un impiego in un campo completamente diverso. Ho già visto sul giornale alcune offerte di lavoro e per uno di questi lavori—quello di impiegato di banca—ho più che sufficienti qualifiche, come Lei sa. Le sarò molto grato, quindi, se nei prossimi giorni vorrà gentilmente rilasciarmi una lettera di referenze (un attestato di servizio). Non occorre indirizzare la lettera alla banca ma semplicemente 'A chi di spettanza (competenza)'. Mi dispiace disturbarLa in questo periodo dell'anno quando Lei e i Suoi dipendenti sono tanto occupati. La ringrazio per avermi sempre aiutato e incoraggiato e colgo l'occasione per porgerLe i miei migliori saluti.

3 *p. 252*

Spett. Ditta Rino Positano e Figli. In risposta alla Vostra del 9 c.m. desideriamo comunicarVi che la rimessa Vi è stata inviata per raccomandata il 21 luglio u.s. A conferma di ciò accludiamo alla presente copia della relativa fattura. Vi preghiamo pertanto di voler provvedere immediatamente alla spedizione della merce e attendiamo Vostra sollecita conferma di ricevuta del nostro saldo. Distinti saluti.

1 My love and best wishes to you on your birthday.
2 My heartfelt best wishes for health, happiness, and prosperity on the occasion of your name day (saint's day).   **3** With Easter almost here we wish you and your loved ones our best wishes. A big hug to everyone.
4 Best wishes for a merry Christmas and a happy New Year from us all.   **5** Sincere thanks for the wedding invitation . . . I want you to know however that I'll be with you in spirit (I'll be thinking of you) and I wish you and Rocco the very best and lots of happiness. Love and kisses.   **6** We are deeply saddened by the most unexpected news of the untimely loss of your dearest Corrado. Please accept our deepest sympathy. We are with you in your grief.   **7** Arrived safe and sound . . . I miss you all and am (always) thinking of you. Love and best wishes.   **8** Very best wishes to you and your family. See you soon.